捧 读

触及身心的阅读

by Okamoto Yuichiro

哲学将改变我们的生活

生命中不可不想之事

いま世界の哲学者が考えていること

【日】冈本裕一朗 著

杜黎明 译

中国友谊出版公司

图书在版编目（CIP）数据

生命中不可不想之事：哲学将改变我们的生活 /
（日）冈本裕一朗著；杜黎明译 . -- 北京：中国友谊出
版公司，2021.4
　　ISBN 978-7-5057-5148-4

　　Ⅰ . ①生… Ⅱ . ①冈… ②杜… Ⅲ . ①哲学—通俗读
物 Ⅳ . ① B-49

中国版本图书馆 CIP 数据核字 (2021) 第 038149 号

著作权合同登记号　图字：01-2021-1201

书名	生命中不可不想之事：哲学将改变我们的生活
作者	[日] 冈本裕一朗
译者	杜黎明
出版	中国友谊出版公司
发行	中国友谊出版公司
经销	新华书店
印刷	天津创先河普业印刷有限公司
规格	880×1230 毫米　32 开
	8 印张　193 千字
版次	2021 年 6 月第 1 版
印次	2021 年 6 月第 1 次印刷
书号	ISBN 978-7-5057-5148-4
定价	45.00 元
地址	北京市朝阳区西坝河南里 17 号楼
邮编	100028
电话	（010）64678009

说 明
Description

　　本书译自日本学者冈本裕一朗的著作《いま世界の哲学者が考えていること》，原著中引用的参考文献，以及每一章后的推荐阅读，多出自西方学者的著作或是这些著作的日文译本。为便于中国读者查阅，并尽可能保证译文准确性，对于已出版中文译本的著作，本书在引用及标注来源时均采用中文译本的信息；对于尚未出版中文译本的著作，则标注其原著信息。

前 言

preface

　　本书旨在借助哲学来解释说明我们所生存的这个时代。在科学技术高度发展的今天，可能不乏有人反驳，哲学究竟起到了什么作用。最近，"哲学在社会中是无用之物"的言论也甚嚣尘上。在这种情况下，我却仍旧出版此书，究竟所为何故？我想先谈谈这个问题。

　　回顾历史，我们会发现，**每当时代面临重大变革之际，哲学思想就会异常活跃**，并且，这种时代的变革会与科学技术的发展紧密相连。比如，在从中世纪向近代过渡的时期，近代科学逐渐形成，同时，罗盘和活字印刷术也普及开来。由此，引发了全球性的经济活动，宗教改革向前推进，近代国家相继建立。伴随着这些社会化变革，在哲学思想方面，欧陆理性主义和英国经验主义应运而生。

　　当下，具有时代变革意义的事件不正发生在我们的现代社会中吗？众所周知，20世纪后半叶兴起的**信息技术革命、生命科学革命**正在不知不觉地从根本上改变着既有的社会关系和人类的生活方式，**延续了数百年的资本主义和宗教脱离过程也于近年来发生了巨大的方向性转变**。此外，近代社会必然会产生的**环境问题**在当下已然无法逃避，亟待解决。要全面认识这些变化，哲学就成了必然。

　　在认识事物的时候，哲学往往具有开阔的视野和宽广的格局。

对于日常发生的事情，哲学会反复询问："它原本是什么意思？""它最终又能带来什么？"乍一看，这似乎是毫无意义的问询，但在时代巨变的今天，这种哲学态度却是不可或缺的。正是基于这种想法，我特地写了这本书。书中所探讨的每一个问题都是根本性问题，要想解决可能需要一个漫长的过程，但我希望这样至少可以让我们明确问题所在。不过，这个目的能不能达到，还有待各位读者予以判断。

本书还有一个特点，即在开始探讨某个具体问题之前，会先用一个篇章来说明近期的哲学现状。这部分内容大都是迄今为止很少有人提及的东西。说起现代哲学，通常指的是法国的后结构主义和德国的法兰克福学派，可雅克·德里达（Jacques Derrida）、理查德·罗蒂（Richard Rorty）等20世纪后半叶的著名哲学家大部分都已与世长辞。"21世纪以后，哲学将会是个什么样子呢？"很多人都对这个问题感到疑惑，但已有的研究成果却完全没有提及。由于篇幅有限，对此本书也仅仅是给出了一个简单的架构，但希望能抛砖引玉，引发大家对这个问题的包括批判在内的、多重视角的研究与讨论。

最后，由于本书聚焦于现代，提到的哲学家并不一定广为人知，也可能出现一些尚未被译介的学说；此外，为便于理解，对于所参考引用的相关译著可能会进行适当的删改。鉴于此，恳请诸位多多海涵。

序　章

现代哲学在探讨什么问题？

第一章

世界上的哲学家如今都在思考什么?

第二章

信息技术革命将会给人类带来什么？

第三章

生物技术将会把人类带向何处？

第四章

资本主义是否仍适用于 21 世纪？

第五章

人类真的无法摆脱宗教吗？

第六章

人类为何要保护地球？

序章

现代哲学
在探讨什么问题？

?

现在，
哲学究竟在探讨些什么？

虽然本书将围绕当今的哲学家正在思考什么问题来展开，但在这之前，我想先谈谈哲学探讨的究竟是些什么（或者不关心什么）。因为如果对哲学的印象不一样，那么对哲学家的看法也会不一样。虽然很难用一个定义来描述哲学与哲学家，但为避免不必要的误解，我将先谈一谈本书所说的"哲学"指的是什么。

哲学被误解了？

听到"哲学"时，大家认为它是一门什么样的学科？恐怕大多数人都会理解为**"人生观"**——"人生是什么？""人生应该如何度过？"对于这类问题的思考就是哲学。实际上，查看亚马逊上"哲学·思想"类销售排名时，我们会发现排在前几位的也是与这类问题有关的书籍。

比如，戴尔·卡耐基的《人性的弱点》和《人性的优点》常年都是这一类的畅销书籍，甚至最近还出版了漫画版。但是，不会有人把卡耐基视为哲学家，也不会在哲学学术会上见到以卡耐基的著作为议题的研究。

不过，"哲学就是人生观"的观点并不是毫无根据的。事实上，哲学始祖苏格拉底*就曾把"不是仅仅活着，而是要好好活着"作为思考的问题。

就哲学来说，该怎么做才能好好活着确实是最根本的问题。在现代，曾获得过诺贝尔文学奖的法国作家阿尔贝·加缪（Albert Camus）在其著作《西西弗的神话》中这样说道："真正重要的哲学问题只有一个，那就是自杀。判断人生是否活得有价值，就是在回答哲学的根本问题。"

有不少哲学家都写过这个类型的书，比如，19世纪的克尔凯郭尔*和叔本华*都是其中的代表人物，近来的热门话题《超译尼采》也是以此为脉络写就的（不过，这样理解尼采是否合适就不得而知了）。还有，先后出版于19世纪末20世纪初的，卡尔·希尔提（Carl Hilty）、阿兰（Alain）及罗素（Bertrand Russell）的三大"幸福论"可以从"人生观"来进行解读；二战前的日本哲学家三木清撰写的文章更是直接就叫《人生论笔记》。

但是，哲学即人生观的论点并没有被当今的哲学家广泛、积极地接受。关于人生观，作家或者宗教信徒写的东西可能更具感染力，成功的企业家总结出的方法也可能比哲学家讲的更有用。况且，如果认为哲学就是人生观，那么我们就没有必要特意去大学里学习哲学了。

说到这里我们可以确定，本书所研究的现代哲学家们并没有把人生观等同于哲学。

苏格拉底
（Socrates）
古希腊哲学家，柏拉图的老师，无著作传世，可从其弟子的著作中对其思想窥知一二。

索伦·克尔凯郭尔
（Soren Kierkegaard）
19世纪的丹麦哲学家、神学家，著作有《致死的痼疾》等，是现代存在主义哲学的创始人。

亚瑟·叔本华
（Arthur Schopenhauer）
19世纪的德国哲学家，其思想对尼采有很大的影响，代表作有《作为意志和表象的世界》。

那么如果不谈论人生观的话，他们又究竟要探讨什么呢？为了弄清这个问题，我们来看看哲学的另外一个面貌。

哲学学说的研究者是哲学家吗？

说起"哲学"，往往令人联想到"某人的哲学"。比如，哲学的学术会议一般都是介绍或者批判某位哲学家的学说，论文或口头报告的标题也大多是"某某（某位哲学家的姓名）中的某某"这样的形式。例如《黑格尔*的〈逻辑学〉中关于"反思"的结构》（此标题是我年轻时曾使用过的论文题目）。

由此可见，所谓哲学研究就是介绍或者解释历史上某位伟人（哲学家）的思想。因此，我们开始哲学研究时，最先要决定的就是"**研究谁的学说**"。普遍的看法是，哲学研究就是彻底地理解某位哲学家的学说，因此必须充分了解相关哲学家已有的研究成果。于是，就有了"研究某某的专家"。

彻底地理解某位哲学家的学说是一项艰巨的工作，若是一位伟大的哲学家的话则更是如此。而一旦走上这条路，可供研究的课题就是无穷无尽的。当相关的研究成果累积到一定程度之后，仅是梳理文献，就需要耗费相当大的精力。

一旦进入专业研究，探讨的问题就会趋于具体和精微。但也因此，当专业领域不同时，甚至会出现完全无法理解研究者在学术会议上的发言的情况。这种典型的专业封闭状态在学术会议中司空见惯。

这一类研究者在大学里讲课的时候，大都会滔滔不绝地对自己研究的哲学家进行讲述。这种情况在过去的大学课堂上十分常见，比如，在一堂普通的公选课上，研究人员事无巨细地介绍康德*的学说，并对其他研究者的观点加以批判。

但是，对于非哲学专业的学生而言，他们完全不明白为什么要学习这些内容。这样的课堂，真的能称之为哲学的课堂吗？还不如说只是在介绍哲学学说而已。

问题在于，这类哲学研究者仅仅停留在对学术观点的认识上，并没有继续向前探讨。而真正的哲学家，应该会直面问题的本质（暂且称为"具体的情境"），努力弄清问题所在，并从理论上予以总结。

因此，要想彻底理解某位哲学家的学说，研究者不仅要了解其学术观点，还要亲自进入具体的情境去实践、去抗争。具体的情境才是问题所在，因此，要理解哲学学说，就必须直面哲学家所处的具体情境。

现在，哲学究竟在探讨什么？

那么，究竟该如何理解"哲学"呢？在这里，我以法国哲学家米歇尔·福柯*的一段话作为依据来回答这个问题。在福柯逝世的两年前（1982 年），针对康德的《何谓启蒙》（1784 年），他说：

> 当康德在 1784 年问"什么是

格奥尔格·威廉·弗里德里希·黑格尔
（Georg Wilhelm Friedrich Hegel）
德国哲学家，德国唯心主义的代表思想家，对现代哲学有着重要影响，以辩证法闻名于世。

伊曼纽尔·康德
（Immanuel Kant）
18 世纪的德国哲学家，著有《纯粹理性批判》《实践理性批判》和《判断力批判》三大批判理论之书，促进了认识论转向。

米歇尔·福柯
（Michel Foucault）
于 1984 年去世，是继承了存在主义，并发扬了结构主义和后结构主义的法国哲学家。

启蒙"的时候，他真正要问的意思是："现在在发生什么？
我们身上发生了什么？我们正生活在其中的这个世界、这个
阶段、我这个时刻是什么？"……"在历史的某个特定时刻，
我们是什么？"[1]

其中所讲的康德的想法，其实也正是福柯自己的想法。"现在在
发生什么？我们身上发生了什么？我们正生活在其中的这个世界、这
个阶段、我这个时刻是什么？我们是谁？"福柯借用康德之名来表明
自身的问题，我则借用福柯的话作为本书的依据。

19世纪初，德国哲学家黑格尔曾用"密涅瓦的猫头鹰"来比喻哲学。
他在1821年出版的《法哲学原理》的序文中写道："密涅瓦的猫头
鹰总是在黄昏降临之时悄然起飞。"通过这个隐喻，黑格尔想表达
的是，哲学就是"从普遍规律中认识我们所生存的时代"。

为了认识我们所生存的时代（我们究竟是谁），哲学家们不停地
探究迄今为止的历史，从中展望未来的模样。对于哲学家的这个问题，
我将在本书中根据具体的情况来加以阐释。

重新审视现代（近代）

对于哲学而言，"当下"这个时代有其重要性，并不只是概述
性的结论，还基于特别的理由，即现在这个时代正处于历史性的大
变革之时，而且这种"历史性变革"的周期并不是几十年，而是几
个世纪。

为了理解上述说法的含义，我以文艺复兴时期的活版印刷技术*
为例来进行说明。

众所周知，活版印刷术于15世纪中叶在整个欧洲流行开来，并促进了马丁·路德（Martin Luther）的宗教改革和欧洲民族国家的形成。这个时期正是从"中世纪"到"近代"的历史变革期。如今，新媒体正代替活版印刷技术登上历史舞台，而"现代"也正在迈向新时代。

19世纪70年代到80年代，"后现代"*在世界范围内流行开来，但是并没有持续太久就沦为了大家嘲笑的对象。它虽然留下了一些风格奇特的建筑，但理论性的成果却寥寥无几。

不过，"后现代"提出了一个十分重要的问题。顾名思义，"后现代"是一个与"现代（近代）"相对应的词语，它揭示了现代的终结。对于如何理解"现代"，大家虽看法不一，但现代正一步步走向终结却是所有人感同身受的。是否形成了"后现代主义"且先不提，值得注意的是，"现代"正处在变革期。

一些德国和英国的社会学者们主张，现代不是"现代的终结"，而是"现代的彻底化或者反省化"。但是，这个时候，到现在为止的"现代"正在不停地转换这点已经形成了共识。虽然在"后现代""反省的现代"这样的议论方向上处于对立，但现代中的"现

活版印刷技术
将活字进行组合形成活版，再用活版进行印刷。在欧洲首次用活版印刷技术印刷出来的书籍是《圣经》。

后现代
突出近现代结束"后"的时代特点，主要在哲学、思想、文学、建筑领域批判现代主义的文化运动。

代"正在发生很大的变化，这点是没有疑义的。

本书讨论的每一个问题几乎都与"近现代的变革"有关。有些哲学家即便没有主张"后现代"，他们的研究也与"近现代的变革"有着密不可分的关系，这一点是很明确的。

这种"近现代的变革"将会把我们引向何处？这是与我们自身息息相关的问题。因此，哲学家们所论述的问题就是我们自身的问题。在这一点上，可以说哲学家与我们之间并没有什么不同。我们正好可以以哲学家们的想法为线索来深入思考我们自身的疑问。

哲学的汇聚点改变了！

说到时代的变化，我们需注意到哲学本身也在开始发生变化，过去的哲学观点已不再适用于今天。

比如，当我们问起哲学的发源地是哪里时，过去可能大多数人会回答德国和法国。在德国，有康德、黑格尔、尼采*和海德格尔*。在法国，第二次世界大战后，萨特的存在主义*，福柯、德勒泽、德里达等人的后结构主义*相继流行。然而，如今再说到"现在的哲学"时，这种印象已然不妥。

众所周知，20世纪末，随着经济全球化的发展，哲学也开始向全球化发展。欧洲大陆哲学派的哲学家们，纷纷引进了英美的分析哲学。

如同英语是世界通用语一般，在哲学领域，英美的分析哲学也开始渐渐成为通用哲学。不仅如此，有关于德国和法国哲学家们的研究，也逐渐从其本国转移到美国。

德国的新锐哲学家马尔库斯·加布里尔（Markus Gabriel）曾在《南

德意志报》上引用研究黑格尔的美国学者的
言论：

> 德意志的精神（灵魂）如今已
> 融入了美国！[2]

的确，如今有关于黑格尔的研究，美国
比其故乡德国更加多产。并且，这种情况不
仅限于黑格尔。有关于康德、尼采，甚至是
海德格尔和法兰克福学派的研究，中心也都
转移到了美国。

与此同时，英美的分析哲学也逐渐渗透
进了德国与法国的大学。曾流传过这样一个
故事：20 世纪 90 年代，有人为研究解释学
赴德国留学，结果德国的大学却都在埋头研
究引进的英美分析哲学，以至于他在解释学
方面的研究反而没有什么进展。可见，法国
盛行结构主义，德国盛行现象学、解释学等
说法，已不太符合当今的实际情况，而不论
什么学说，都能在美国流行开来并得到广泛
探讨。

那么，是否可以说，不仅仅是德意志的
灵魂，法兰西的灵魂也融入了美国？如何评
价这一言论暂且不说，我们需要明确的是，
美国在哲学研究领域的地位以及分析哲学的

弗里德里希·尼采
（Friedrich Nietzsche）
19 世纪的德国哲学家，古
典文献学家，曾提出了"悲
伤""超人"等概念，给后来
的思想家带来了重大影响。

马丁·海德格尔
（Martin Heidegger）
逝世于 1976 年，为 20 世纪
德国哲学与存在主义的发展
做出过巨大贡献，代表作有
《存在与时间》。

存在主义
批判理性主义，将个人的实
际存在作为哲学中心的思想
立场。

后结构主义
该思想运动从 19 世纪 60 年
代后半期到 70 年代后半期在
法国出现，批判地继承了结构
主义并对其有一定的超越。

全球化趋势。

然而，哲学的全球化趋势正呈现出这样的态势：20 世纪末**哲学潮流向美国转移，而21 世纪它将出现回流。**如今，在接受了全球化之后，我们又开始重新致力于单一哲学的研究。未来它将走向何处？本书会就这个问题略说一二。

本书的内容架构

本书将分六个主题（问题群）展开论述。这种分类方式便于我们展开探讨，更有助于展望现代。具体主题如下：

1. 世界上的哲学家如今都在思考什么？

2. 信息技术革命将会给人类带来什么？

3. 生物技术将会把"人类"带向何处？

4. 资本主义是否仍适用于 21 世纪？

5. 人类真的无法摆脱宗教吗？

6. 人类为何要保护地球？

这六个主题并不是各自独立的，而是相互联系的，任何一个主题都与其他主题紧密相连。比如，抛开了信息技术革命，生物技术革命就无从谈起，同时它也受社会制度和宗教的影响。因此可以认为，每个主题都是一个十分便捷的，帮助我们了解现代的切入点。

这六个主题之间并没有先后顺序之分，可以从任何一个主题开始阅读。但为了对各个主题有更加充分的了解，还是恳请大家务必读到最后。此外，各章之后都附有所引用参考图书的简介，以便大家能够更好地理解本章内容。大家如果从有兴趣的部分开始阅读，或许会有新的发现。

第一章

世界上的哲学家
如今都在思考什么？

第一节 后现代之后，哲学该何去何从？

　　我们可以通过探讨一些具体问题来了解现代的哲学家们都在思考些什么。在开始之前，我们先了解一下哲学思想的发展趋势。由于世界哲学潮流正在发生巨变，我们固有的理解可能已无法自如应对。

　　这一变化虽然已经在部分领域有所显现，但就世界范围而言，还未引起大多数人的关注。因此，我先用少许篇幅来对现代的哲学思潮做一简要概述。

　　为帮助大家更好地理解现代哲学的状况，我们借用逻辑关系图来说明。众所周知，截至20世纪60年代，说起世界范围内的哲学思潮，通常会大致分为三类：马克思主义*、存在主义、分析哲学*。

　　这基本上是根据地域来划分的，马克思主义流行于德国，存在主义

20 世纪以后的哲学动向

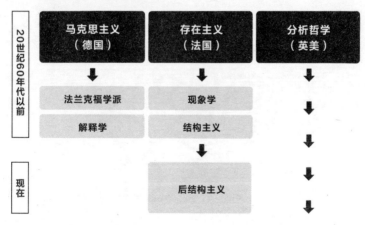

流行于法国，分析哲学流行于英国和美国。当然，这样的地域划分并不严格，但相关的哲学学说基本已在各自所属区域内生根发芽。

这三种思潮在后来都发生巨大变化。比如，法国的存在主义逐渐丧失影响力，被现象学*和结构主义*替代；到了20世纪70年代，后结构主义还掀起过一股热潮。

另一方面，由于一些社会主义国家历史性地相继解体，马克思主义作为哲学的影响力逐渐减小，取而代之的是在德国势力逐渐壮大的法兰克福学派*和解释学*等。20世纪后半叶，结构主义、后结构主义、现象学、解释学、法兰克福学派等哲学思想在法国和德国百花齐放，百家争鸣。

一方面，存在主义和马克思主义在哲学世界性思潮中逐渐失势；另一方面，盎格鲁－撒克逊人（即英国人）的分析哲学在不断的内容改良过程中逐渐占据优势，并将其现代哲学中心的地位一直保持至今。如今，对于分析哲学，德国和法国的哲学家们不仅不敢小觑，甚至还要积极向它靠拢。

随着社会的全球化，哲学领域也在逐渐打破各自独立的地域性。德国与法国的哲学思想会立即传到盎格鲁－撒克逊地区，美国与英国的哲学论题也会马上成为欧洲大陆所

马克思主义
由马克思和恩格斯创立，以其作为基础确立了社会主义思想。

分析哲学
20世纪在英语国家中成为主流的哲学形式，多以符号逻辑、概念分析、数学和自然哲学等为研究主题。

现象学
不拘泥于先入之见，通过认识事物的本质来记述或分析直接感知到的现象的哲学。

结构主义
不以各种事物现象的实际要素，而是其潜在的结构为依据去认识、理解事物现象的研究方法。

法兰克福学派
以法兰克福大学的"社会研究所"为中心举行各种活动的思想社群，成立于19世纪20年代。融合了马克思主义、黑格尔的辩证法和弗洛伊德的精神分析法理论。

解释学
研究文本解释的方法和理论，由狄尔泰、伽达默尔等人发展壮大。

研究的对象。在这种情况下，哲学将何去何从？

"语言学转向"指的是什么？

大致浏览了 20 世纪后半叶哲学的发展变化情况后，接下来我们从更广阔的视角来进一步认识这个问题。在这里，值得注意是**理查德·罗蒂**所提出的"语言学转向"这个词语。它指的是 19 世纪末 20 世纪初哲学领域所发生的转变。关于语言学转向，罗蒂说：

> （语言哲学是指）哲学的诸多问题通过语言改革或加深对我们现在所使用的语言的理解能够得到解决或者排除……。[1]

该词最初由古斯塔夫·伯格曼（Gustav Bergmann）提出，后来通过罗蒂所编写的《语言学转向》一书（1967 年）得到广泛流传和认同。但后来该词逐渐超出罗蒂所使用的范畴，被用来指称 20 世纪哲学的整体发展进程。罗蒂的"语言学转向"虽然揭示了戈特洛布·弗雷格 *"分析哲学"的成立与发展，但在使用时通常不限于此。

比如，在法国，受索绪尔 * 和雅克布逊 * 的语言学影响，结构主义和后结构主义都被归入了语言学转向的范围之中；盛行于德国的伽达默尔 * 等人的解释学、哈贝马斯所倡导的"交往行为理论" * 也被归入其中。

因此，可以从狭义和广义两个层面来理解"语言学转向"这个词。狭义的"语言学转向"指分析哲学的发展，广义的"语言学转向"则可以理解为包含法国和德国哲学在内的 20 世纪哲学的发展趋势。

使用这个词的好处是，可以从整体上对现代哲学复杂的演变情况做一个简洁的表述。

有趣的是，这个说法同时指向了语言学转向之前与之后两个方面。一方面是语言学转向之前，哲学是什么；另一方面是语言学转向之后，如何来看待哲学。那么，对于语言学转向，我们必须要问：现如今它仍旧适用吗，抑或是已经被新出现的转向取而代之了？

我们来思考一下，假设语言学转向发生于20世纪，那么又该如何表现其过往呢？关于这个问题的答案已大致形成共识，即"认识（知识）论转向"。近代哲学通常分为笛卡尔 * 所创建的欧陆理性主义和洛克、休谟所创建的英国经验主义 *，它们都是基于主观与客观的关系来集中对"意识"进行分析的，因此我们用"认识论转向"来表述。

自17世纪的认识论转向之后，近代哲学又延续了数百年。19世纪末20世纪初"语言学转向"出现，自此哲学的主题便由对主观与客观关系中的"意识"的分析变成了对"语言"的分析。

20世纪后半叶，英美国家流行分析哲学，法国流行结构主义和后结构主义，德国流行解释学和交往行为理论等，这些都是语言学转向的一个方面。

戈特洛布·弗雷格
（Gottlob Frege）
德国哲学家、数学家和逻辑学家，被称为现代数理逻辑和分析哲学的鼻祖。

弗迪南·德·索绪尔
（Ferdinand de Saussure）
瑞士语言学家、语言哲学家。被称为结构主义语言学的鼻祖，对20世纪的语言学产生了决定性的影响。

罗曼·雅克布逊
（Roman Jacobson）
俄罗斯语言学家，逝世于1982年，在语言学、诗学以及艺术等领域为结构分析的开拓与发展做出了巨大贡献。

汉斯－格奥尔格·伽达默尔
（Hans–Georg Gadamer）
2002年逝世，命名解释学，根据语言文本的历史性创造出独立的哲学方法并以此闻名。

交往行为理论
当代西方马克思主义代表者哈贝马斯在《交往行为理论》中创立的思想，不分析相对于物的行为，而分析在语言介入情况下人与人之间的行为。

笛卡尔（Descartes）
17世纪的法国哲学家、数学家，理性主义哲学的开创者，"我思故我在"是其基本命题。

英国经验主义
主张人类所有知识都来源于经验，由洛克创立并由休谟对该理论进行了进一步的发展。

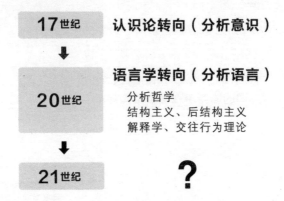

语言学的转向

| 17世纪 | 认识论转向（分析意识） |

↓

| 20世纪 | 语言学转向（分析语言）
分析哲学
结构主义、后结构主义
解释学、交往行为理论 |

↓

| 21世纪 | **?** |

"真理"在任何地方都不存在

当我们把 20 世纪的哲学理解为"语言学转向"之时，我想再明确一下 20 世纪 70 年代以后，语言学转向与在全世界广泛流行的后现代思想之间的关系。"后现代"原本是从建筑领域兴起的，后来作为整个文化领域的新运动成为时代的潮流。

哲学上"后现代"的确立，源于让·弗朗索瓦·利奥塔[*]的《后现代状态》（1979 年）。他将"后现代"定义为"对（现代的）大叙事的怀疑"。这里所说的"大叙事"，是指人类所普遍认可的真理和规范。的确，现代人已经不再信任这些真理和规范了。

取而代之的是，后现代主义的倡导者利奥塔所提出的"小团体之间不同的'语言游戏'"。构思出与众不同的"小故事"，向多元的方向进行分裂、形成差异逐渐成为后现代的风格。

这样一来，后现代思想就与 20 世纪的语言学转向结合起来了。用极端的话来说，语言学转向就是**"通过语言来构建世界"**，这种主张一般被称为①"语言建构主义"。其中，代表人物雅克·德里达*的"文本之外别无他物"（《论文字学》，1967年）曾屡次被引用。

与"语言建构主义"一样，后现代思想认为②"**不同的语言游戏是不可通约的**"。如果我们用语言来构建现实，那么当语言不同时，现实当然也会有所差异。因此，后现代强调不同立场之间的"差异"，最终达到每一种主张都不分伯仲的相对主义。

倡导①语言建构主义和②相对主义的哲学家就是在美国十分活跃的后现代主义者罗蒂。《语言学转向》一书出版后，他又先后出版了《哲学和自然之镜》（1979年）及《实用主义的后果》（1982年），旗帜鲜明地抛出了自己的观点。与此同时，罗蒂与同时代的法德哲学家们展开对话，谋求与英国及其他欧洲大陆哲学观点的相互理解。此时此刻的罗蒂已经认定自己是"后现代主义者"。

如今，后现代思想主张的①语言建构主义和②相对主义已不仅仅局限于哲学，而是渗透于整个文化领域。其典型现象就是，文化相对主义和历史相对主义已逐渐成为现代人的常识。不同的文化和历史，对真理和善

让·弗朗索瓦·利奥塔
（Jean Francois Lyotard）
逝世于1998年，法国哲学家，主张"大叙事的终结"和"知识分子的坟墓"，使后现代逐渐发展壮大并流传于世。

雅克·德里达
（Jacques Derrida）
逝世于2004年，后结构主义的代表哲学家，代表作有《论文字学》。

恶的判断也有所不同。此外，在学术领域，"社会建构主义"这一主张可能也有不少人知道。

纽约大学的教授保罗·博格西昂*对罗蒂的后现代结构主义和相对主义进行了猛烈的批判。他在攻读硕士之时曾师从罗蒂，但这反而使他更加强烈地批判罗蒂。他在自己的著作《对知识的恐惧：反相对主义和建构主义》（2006年）中对后现代思想近况描述如下：

> 最近20多年——即使并非在自然科学领域，也已在人文科学和社会科学领域出现——关于人类知识的本质，围绕着"知识由社会构建"这一纲领达成了显著的共识。"社会构建"这一术语虽说是最近的词汇，但是从根本上来说，它与内心和现实的关系这一由来已久的问题息息相关。[2]

的确，在20世纪后半叶，语言学转向积极向前推进，加之后现代的流行，社会建构主义和相对主义逐渐被广泛提出。因此，有关于道德的"善恶"和法治的"正义"不存在普遍的真理，只存在多种多样的意见。极而言之，自然科学事件甚至也有着各式各样的解释，而无法断定哪一种说法是正确的。

后现代之后的三个潮流

虽然如此，在迎来21世纪之际，后现代在世界范围内的广泛流行还是结束了，人们展开了对新思想的探索，并用它来取代"语言学转向"。

（1）自然主义转向

比如，现在在美国十分活跃的哲学家约翰·R. 塞尔[*]的说法就值得关注。自《言语行为：语言哲学论》（1969年）出版以来，塞尔就被看作"语言学转向"的推动者，但他在《心灵导论》（2004年）一书中这样描述：

> 在20世纪的大部分时间内，语言哲学就是"第一哲学"。哲学的其他领域都被看作是语言哲学的衍生物，其问题的解决也依赖于语言哲学的成果。但是现在，关注的焦点已然从语言转向心灵……如今，心灵是哲学的核心话题，哲学的其他问题——比如语言和意义的本质，社会的本质，知识的本质——都只不过是人类心灵的特征这种普遍问题的特殊情况而已。[3]

在这里，塞尔表明了"从'语言'哲学向'心灵'哲学的转向"。的确，从20世纪末期开始，有关于"心灵哲学"的文献被大量出版。比如，浏览一下牛津大学出版社的《心灵哲学指南》，我们就能明白其流行

保罗·博格西昂
（Paul A. Boghossian）
纽约大学哲学教授，反对后现代哲学并对其展开批判性讨论，参加新实在论运动。

约翰·R. 塞尔
（John R. Searle）
生于1932年，专攻语言哲学和心灵哲学领域的美国哲学家，著有《行为及合理性》等。

的盛况了。

但是，虽然都称之为"心灵哲学"，如何理解"心灵"却是个问题。这个命题目前虽说还没有一个明确的定义，但无论基于何种立场，毫无疑问都会吸收近来的认知科学、脑科学、信息科学、生命科学等成果。因此，我们把这样的变化称之为"认知科学的转向"。由于这类研究也可以说是从自然科学的角度研究心灵，我们又把它称为"自然主义转向"。

21 世纪的后"语言学转向"

1 **自然主义转向**（以认知科学的方式研究"心灵"）

代表性哲学家：**丘奇兰德、克拉克**

2 **媒介技术论转向**（研究沟通交流的媒介与技术）

代表性哲学家：**斯蒂格勒、克莱默尔**

3 **实在论转向**（研究独立于"思考"之外的"存在"）

代表性哲学家：**梅亚苏、加布里尔**

（2）媒介技术论转向

后"语言学转向"并不仅仅倡导建立在自然科学和认知科学基础之上的"心灵哲学"，这里也对除此之外的趋势做一个介绍。比如，法国的达尼尔·布纽* 同雷吉斯·德布雷* 共同倡导的"媒介学"，其意义如下：

符号学——在语言学转向之后，又接连出现了对其进行修

正的语用学转向，而这之后的媒介
学转向则是连接其与组成语言表达
行为的因子和语义的条件，在两者
之间起到了补充完善的效果。⁽⁴⁾

虽然这段话里提到了三个阶段（①语言
学转向；②语用学转向；③媒介学转向），
但是从大趋势来看，我们可以将其理解为从
"语言学转向"到"媒介学转向"。大家可
能没怎么听过"媒介学"这个术语，它指的
是以沟通交流时所利用的物质与技术媒介为
研究对象的一门学科。因此我们称之为"媒
介技术论转向"。

（3）实在论转向

与"自然主义转向"和"媒介技术论转向"
不同，被称为"思辨实在论"或"新实在论"
的思潮在法国和德国正开始酝酿，并将英美
和意大利也卷入其中，逐渐形成一股巨大的
浪潮。

2011 年出版的论文集《思辨转向》揭
示了这一趋势，并以"大陆唯物论与实在论"
为副标题。在其前言中，编者们这样描述近
来的思想趋势：

达尼尔·布纽
（Daniel Bougnoux）
生于 1941 年，格勒诺布尔第
三大学教授，媒介传播方面的
理论家，与德布雷共同构建了
媒介学的基础。

雷吉斯·德布雷
（Régis Debray）
生于 1940 年，法国哲学家、
作家，认为"正是媒介拥有权
力"，是媒介学的创始人。

各种各样有趣的哲学思潮遍布全球，它们各有思想据点和众多支持者，代表著作也纷纷大量出版。试图用一个恰切的名字来囊括所有的哲学趋势是十分困难的。经过深思熟虑，为了与日渐式微的"语言学转向"相对应，我们使用了"思辨转向"作为主书名，而副标题中的"唯物论"与"实在论"不仅进一步明确了哲学发展的新趋势，也保留了物质与实在之间可能存在的区别。[5]

虽说现在还不甚明了"思辨转向"将会何去何从，但是正如"唯物论"与"实在论"这两个名称所示，它与结构主义不同，是以**独立于"思考"之外的"存在"**为研究对象的。

因此，我们也可以把整体思想趋势统称为**"实在论转向"**。倡导这个"转向"的研究者以年轻人居多，让人觉得其中大有可为。

总之，在后现代"语言学转向"之后，出现了三个新的"转向"。当然，这三个转向无法囊括现代世界的所有哲学趋势，但近来三者表现尤为突出，我们还是应该给予关注。

接下来各节将会分别介绍各个哲学趋势（部分顺序有改动）。

理查德·罗蒂（1931—2007）

美国哲学家，承袭了分析哲学的传统，1967年出版《语言学的转向》一书，使"语言学转向"一词从此流传于世。之后，在复兴美国传统哲学——实用主义的同时，也表达了对后现代思想和自由主义的理解。与德里达、哈贝马斯等欧洲哲学家交好，致力于融合英美和欧洲大陆的哲学思想。

媒介技术论转向指的是什么？

作为历史性先验的语言

为了研究后"语言学转向"，我们重新明确一下"语言学转向"的历史性意义。首先，来看看米歇尔·福柯的《词与物》（1966 年）。在这本书中，福柯使用了"认识型"这一词语，把它看作"对认识的可能性的制约的有限性（即使得赋予认识具有可能性的条件）"，并做了如下说明：

> 在任何特定的文化和任何特定的时候，总是存在着一种对所有知识的可能性条件加以限定的认识型。这种知识或者体现在一个理论中，或者被默默地投入一个实践中。[6]

"认识型"这个词语，在希腊语中原本与"臆断"一词相反，含义为"正确的认识"。福柯则把认识作为实践的基础或根本来对待，主张认识是成为可能的"秩序空间"。这里，请大家注意"制约所有认识的可能性"这一说法。

这个说法康德曾在《纯粹理性批判》（1781 年）中使用过，用以表示"使认识成为可能的条件"。康德把"所有认识可能性的制约"看作先天的"范畴"。也就是说，超历史的且普遍的"范畴"，可以使人类的认识成为可能。但是，福柯与康德不同，他将知识型替换为"历史先天性"，并做出了如下说明：

> 正是这个先天性在一个特定的时期，在经验总体性中勾
> 勒出一个可能的知识领域，限定了在该领域中出现的对象的
> 存在方式，为人的日常知觉武装了理论力量，并且还界定了
> 人能够拥有一个被认作是正确的关于物的话语的条件。[7]

如此一来，康德的超历史（先验）的"认识的可能性的制约"范畴，变成了福柯的"历史先天性"，同时也被称为用言语表现的"认识型"。两者之中，虽然"使认识成为可能的制约（条件）"是相同的，但在究竟是"超历史的"还是"历史的"这一点上存在分歧。

福柯认为，认识型因时代的不同而存在差异，虽然有着历史的变化，但在"使认识成为可能的制约"这一点上，可以称之为先天性。生活于某一时代的人们，无关个人选择，自然地掌握了某种认识型，并只通过它形成自己的知识储备。通过那样的"语言"，对物体的认识便成为可能。如此，由于提出了"历史先天性"这一概念，福柯被看作是语言学转向的推动者。

由媒介学向技术哲学的转向

然而，即便存在"语言"，如果没有传播它的物质媒介，语言表达是无从实现的。比如声音语言，我们必须要使用身体（喉和口）发出声音，同时使用身体（耳）接收声音，而且必须有空气作为媒介才能得以转播。又如文字语言，除身体（眼和手）之外，笔和纸也是不可或缺的。因此，如果没有物质媒介，语言交流将无从实现。

作为后"语言学转向"的一环，法国的德布雷提出了**"媒介学转向"**这一新观点。德布雷认为，传统的语言论和符号论的研究即便将信息或语义作为问题点，也很少关注沟通交流时使用的传播媒介，然而无论是思想还是宗教教义，没有媒介都无法传播。关于媒介学的意义，德布雷这样说道：

> 因为居于中间才分量厚重。正是媒介的作用决定了信息的性质；比起存在，关系性的地位更重要……这种在传达作用的技术性构造的关系中研究高级的社会机能的学科，我把它称之为"媒介学"。(8)

德布雷的媒介学构想被**贝尔纳·斯蒂格勒**（Bernard Stiegler）所接受，他还基于人类的存在形式对这个构想进行了根本性修正。斯蒂格勒在德里达的指导下完成了自己的博士论文，被看作是继福柯、德勒兹、德里达之后的新生代，哲学全新方向的倡导者。他提出了包含媒介学的"技术哲学"。在 1994 年出版的代表作《技术与时间》第一卷中，斯蒂格勒将其意义描述如下：

> 本书探讨的对象是技术，它被理解为代表着一切即将来临的可能性和未来的可能性之前景……我要把这个问题的艰巨性及其必然性正告读者：哲学自古至今把技术遗弃在思维对象之外。技术即是无思。(9)

根据斯蒂格勒所言，"技术"是人类之所以成为人类的最本质的东西，可是直到现在，哲学也没有关注过技术，始终将其置于视野之外。

但即使是语言，也是记忆技术，所以我们也必须从"技术"的观点重新审视它。技术，可以说是作为人类的成立条件，因此，如果不研究"技术"，是无法了解人类的。

为什么媒介成了哲学的研究对象？

在法国倡导向媒介学和技术哲学转向之际，德国也正在由哈贝马斯的"交往行为理论"向"媒介论"进行范式迁移。柏林自由大学教授西皮尔·克莱默尔*编辑出版了媒介学者们的演讲集，并在其中指出了现代的情况：

> 意识的各种现象占据着优势地位的情况被"语言学转向"所颠覆，研究开始向语言转移。同样，如今正是要从语言这一主题向媒介转移的时候。[10]

但是，为什么要研究媒介呢？关于这一点，我们来看一下波鸿鲁尔大学教授曼弗雷德·施耐德*于1998年发表的论文就能明白了。施耐德就海因里希·冯·克莱斯特*的著名书信（1801年）加以考察，所研究的问题正是"媒介"。在书信中，克莱斯特就"由康德引起的危机"这样写道：

> 如果所有人都戴上绿色的眼镜来取代自己的眼睛，那么通过这个眼镜所能够看到的对象就毫无疑问肯定都是绿色的。是眼睛如实地为人类展示各种事物，抑或是说那其实并非事物的本来面貌，而是属于我们的眼睛的某种物质给各种事物

附加的模样，人类无从知晓。理解力的情况也是如此。我们称之为真理的真的就是真理吗？抑或是它只不过是大众普遍的理解而已。对此我们也无法确定。[11]

这封书信中假定的"绿色的眼镜"其实正是"媒介"（媒体）。在康德的研究中，"理解力的范畴"正相当于此，但在 20 世纪的语言学转向之后，"语言"变成了媒介。而在如今 21 世纪的后"语言学转向"中，引人注目的媒介（传播介质）正是声音语言、书面文字、书籍、影像、电脑等**传播技术**。

弗里德里希·基特勒*就这些媒介给人类带来了哪些影响进行了历史性的探究，并于 1998 年出版了《留声机、电影、打字机》一书。在书中，开篇他就宣称"正是媒介决定了我们所处的条件"，并就 1900 年左右问世的几个新媒介（留声机、电影、打字机）是如何改变人类的生活方式进行了论述。

遗憾的是，基特勒在 2011 年不幸逝世，没能进一步发展自己的"媒介学"。但是，他率先提出的哲学构想，毫无疑问将作为现代哲学的新可能被后世所传承。

西皮尔·克莱默尔
（Sybille Krämer）
生于 1951 年，柏林自由大学的哲学教授，专攻媒介学领域。

曼弗雷德·施耐德
（Manfred Schneider）
生于 1944 年，媒介文化史的研究者，波鸿鲁尔大学教授，著有《时空的暴力》。

海因里希·冯·克莱斯特
（Heinrich von Kleist）
德国剧作家，新闻工作者，作品有《破瓮记》等。

弗里德里希·基特勒
（Fredirch Kittler）
逝世于 2011 年，德国文艺、媒体评论家。

贝尔纳·斯蒂格勒（1952—2020）

法国哲学家，研究与革新学院院长。拥有传奇的人生经历，1978 年曾因抢劫银行被判入狱 5 年。在狱中，他自学哲学并通过函授的方式取得了图卢兹大学学位。出狱后，他在德里达的指导下撰写博士论文，同雷吉斯·德布雷一同开创了"媒介学"，并受海德格尔的影响，融合了"技术"哲学的思想。其代表作有《技术与时间》。

第3节 实在论转向指的是什么？

所谓 21 世纪的时代精神

到了 21 世纪，后"语言学转向"逐渐流行开来，也可以称之为"实在论转向"的潮流。只是这个潮流以年轻哲学家为中心，被译介的著作寥寥无几，目前难以把握整体面貌。因此，这里我们从其发展过程来为大家进行介绍。

根据毛里奇奥·费拉里斯（Maurizio Ferraris）的《新实在论入门》（2015 年），"实在论转向"被明确提出是从甘丹·梅亚苏（Quentin Meillassoux）的《有限性之后：论偶然性的必然性》（2006 年）开始的。"在这本书出版两年后，萌发了极具影响力的思想运动，也就是说思辨实在论运动诞生了。"

参加这项运动的主要成员有梅亚苏本人和另外三位思想家（分别为格雷厄姆·哈曼*、艾安·汉密尔顿·格兰特*、雷伊·布拉西耶*）。有关于他们的论述，我们可以在 2011 年的论文集《思辨的转向》中得以了解。

格雷厄姆·哈曼
（Graham Harman）
生于 1968 年，美国哲学家，现任美国大学开罗分校哲学教授，思辨实在论的主要引介者。

艾安·汉密尔顿·格兰特
（Iain Haminlton Grant）
英国哲学家，研究哲学观念论、现代哲学、科学史·科学哲学、技术哲学等。

雷伊·布拉西耶
（Ray Brassier）
生于 1965 年，意大利哲学家，因实在论的研究工作而广为人知。

与该运动相独立，由费拉里斯与德国的马尔库斯·加布里尔等人所主张的"新实在论"思想也在慢慢发展。加布里尔的《为何世界不存在》（2013 年）中这样写道："新实在论阐述了后现代之后的哲学立场。"受"新实在论"影响，费拉里斯于 2012 年写下了《新实在论宣言》一书，简洁地表明了自己的立场。

纵观费拉里斯的人生经历，他是意大利的后现代思想家，师从基阿尼·瓦蒂莫*。瓦蒂莫的哲学表现为"弱思想"，在很大程度上受到了尼采的解释思想和伽达默尔的解释学的影响。据费拉里斯所说，即使在师从瓦蒂莫之时，"我(费拉里斯)的立场也始终在实在论这边"。因此，同加布里尔一同提出"新实在论"并不是费拉里斯改变了自己的立场，而是进一步明确了他一直以来的思想。

但是，无论是"思辨实在论"还是"新实在论"，为什么现在都强烈主张"向实在转化"呢？值得注意的是，这些倡导实在论转向的思想家有两个明显的倾向。一个倾向是从总体上看，他们都明确提出了"后现代以后"这个概念，强调 20 世纪末流行的后现代思想的终结。

另一个倾向是用比历史的角度更广阔的视角来重新审视后现代思想。据实在论的研究者们所言，在后现代时期达到顶峰的言语转向论，实际上从康德的"哥白尼式转向"就已经开始了。为此，费拉里斯曾用"福－康德（福柯＋康德）"一词来调侃这一现象。

另外，这种传统从某种意义上来说可以追溯到近代哲学的开创者笛卡尔。因此，费拉里斯也曾提出过"笛－康德（笛卡尔＋康德）"这一说法。虽然"福－康德"和"笛－康德"都是对存在是由思考构建起来的**"建构主义"**的嘲讽，却说明了正是这样的建构主义形成了 20 世纪末后现代思想的本质。

到了 21 世纪，后现代的流行开始渐渐冷却，实在论转向正是将其淹没在思想浪潮中的推手。就这一意义来说，或许如费拉里斯所讲的一样，可以将现代的实在论潮流称为"时代精神"。不过需要注意的是，实在论转向并不是一个完整的个体，其内容会因为研究者不同而有所差异。因此，若要理解后现代的思想，就必须对不同的哲学家分别展开探讨。作为理解思辨转向的第一步，应该把年轻有为的梅亚苏同加布里尔作为研究的重点。

基阿尼·瓦蒂莫
（Gianni Vattimo）
生于 1936 年，意大利美学家、哲学家、政治家，著有《弱势思维》等。

如何理解人类消亡之后的世界

20 世纪后半叶（70 年代以后），福柯、德里达及德勒兹等法国现代思想家们在美国获得了广泛的支持。但是到了 21 世纪，这些哲学大师相继逝世，占主导地位的哲学思想也随之不复存在。在这种情况下，**甘丹·梅亚苏**作为新的思想领军人物登上了历史舞台。生于 1967 年的他现任巴黎第一大学副教授，30 多岁年纪轻轻之时便已崭露头角。

梅亚苏于 2006 年出版《有限性之后》，这成为后来"思辨实在论"运动形成的契机。

法国著名哲学家阿兰·巴丢*为这本书作序，对其称赞有加：

> 迄今为止，哲学史被视为是认知的历史。可以毫不夸张地说，甘丹·梅亚苏开辟出了一条哲学的新道路……值得注意的是，他所展现出来的"批判哲学的批判"这一点，朴实无华，逐步推导，以极其清晰明了的逻辑且十分具有论辩性的风格深入本质，鞭辟入里。[12]

有了巴丢的推荐，梅亚苏一跃成为现代思想界的核心。那么在这本书中，他究竟说了些什么呢？他的基本观点是，**将康德以来的近代哲学的中心思想理解为"相关"思想来进行研究**。其具体意思如下：

> 若采用"相关"这一概念就会发现，我们仅仅只是接近思维和存在之间的相关，却无法对二者其中之一进行单独考虑。因此今后，我们要超越前文所理解的相关，承认不可实现的性质，并且把这种思想的所有趋势都称为"相关主义"。这样一来，不被朴素实在论所承认的所有哲学，都可以说成是相关主义的一种了。[13]

根据梅亚苏所言，不管是20世纪的现象学还是分析哲学，都没能越出"相关主义"的范畴，语言学转向与后现代思想就更不用说了。梅亚苏超越了相关主义的概念，将思考向独立的存在进行转化。从这个意义上来说，他虽然说的还是实在论，却有别于过去的"朴素实在论"。因此我们倒不如说，他是通过数学与科学来理解"实在"

这一概念的。梅亚苏将这一主张称为"思辨唯物论",并重新进行了审视:

> 自康德以来……哲学并没有逆超越观念论*或现象学式观念论之道而行之,即数学所具备的非、相关等范围,换句话说,就是作为一种远离思考的哲学主张,哲学并没有以正确的科学事实本身走能够理解的思考之路。这究竟是为什么呢?哲学并没有为了思考科学断然向思辨唯物论转化,尽管它应该这么做。那么哲学为什么会致力于前文所述的超越观念论呢?[14]

为了研究从人类思维中独立出来的"存在",梅亚苏将人类出现以前的"祖先之前性"作为研究对象,设想人类消亡之后"可能发生的事情"。这样我们或许就能以科学的方式来探究"人类不存在的世界"了。尽管如此,"相关主义"却并没有这样来理解。

据梅亚苏所言,康德的超越观念论(认识论转向)、20世纪的语言学转向、后现代思想都必须被相关主义所批判。但是梅亚苏

阿兰·巴丢
(Alain Badiou)
生于1937年,法国哲学家,除了独自研究之外,还创作小说、戏曲等。

超越观念论
康德的批判哲学主张,成立于认识的哥白尼式转向之后,也被称为"先验观念论"。

的哲学目前仍停留在提出基本的观点的状态，还不能明确看出究竟能发展出什么样的思想。有关于这一点，我们拭目以待后人的讨论。

"新实在论"与德意志式的"精神"复活?

与梅亚苏的"思辨实在论（唯物论）"相呼应，德国也兴起了"实在论转向"这一主张，其代表人物是哲学家马尔库斯·加布里尔。生于 1980 年的他，现年 35 岁左右*，担任波恩大学的教授，已发表多本著作，屡屡被称为"天才"。

加布里尔于 2013 年出版的《为何世界不存在》是哲学领域难得的畅销书，让他的才华广为人知。他将"新实在论"的构想用极其简洁的语言表述出来，虽说是专业书籍，却更适合大众阅读。让我们来简要浏览一下这本书。

在《为何世界不存在》这本书中，加布里尔将"新实在论"称为"对后现代之后的时代命名"。据加布里尔所言，后现代问题的关键点在于"建构主义"的基础，而"建构主义"的源泉，他和梅亚苏一样认为在于康德：

> 根据康德的主张，我们无法如实地认识世界本身，我们想认识的东西通常都经过了人类的加工。[15]

为了说明这一点，加布里尔在以克莱斯特的"绿色眼镜"作为例证之后，又接着说道：

> 建构主义相信康德的"绿色眼镜"，而后现代主义甚

至认为我们佩戴了不止一副眼镜，而是许多副眼镜，比如：科学、政治、爱的语言游戏、诗歌、各种自然语言、社会风俗等等。[16]

针对这种后现代式的"建构主义"，加布里尔提出了**"新实在论"**。这是种什么样的思想呢？为了理解这个问题，我们先来看看加布里尔列举的一个具体案例：

假如阿斯特丽德正在苏莲托城看维苏威火山（Vesuvius），同时，我们（也就是您，亲爱的读者和我）也正在那不勒斯城看维苏威火山。[17]

首先，旧实在论（加布里尔将其称为形而上学）认为这个场景中唯一存在的只有维苏威火山，只是某一时刻从苏莲托城方向和另一时刻从那不勒斯城方向偶然看过去而已。而"建构主义"则认为这个场景里存在三个对象：阿斯特丽德眼里的火山、你眼里的火山和我眼里的火山，并不存在任何对象或物体自身。

与之相对，加布里尔所倡导的"新实在论"认为这个场景中至少存在四个对象：①维苏

现年 35 岁左右

这里指的是马尔库斯·加布里尔在本书原著出版时的年龄。

——译者注

威火山；②从苏莲托城看到的维苏威火山（阿斯特丽德的视角）；③从那不勒斯城看到的维苏威火山（你的视角）；④从那不勒斯城看到的维苏威火山（我的视角）。加布里尔不仅认为这些全部存在，还认为"我"在望着维苏威火山时的私人感受也同样是事实。

加布里尔认为，一方面旧实在论仅仅是把"没有观察者的世界"视为现实，另一方面建构主义仅仅是把"观察者的世界"视为现实。鉴于此，他通过如下所述，把自己的"新实在论"正确化了："这个世界既不是没有观察者的世界，也不是只有观察者的世界，这就是新实在论的观点"。

因此，加布里尔的"新实在论"认为不是只有客观对象是存在的，与之相关的"思想""心理""感情""信念"，甚至类似于独角兽一般的空想，也都是存在的。在这一点上，它与大众对"实在论"的普遍理解是不同的。那么，加布里尔像这样扩展存在对象的外延，是想达成什么呢？

对此，加布里尔在 2015 年出版的《我不是大脑：21 世纪的精神哲学》一书的标题中暗示了答案。在这本书中，加布里尔就像把精神在大脑中还原一般，批判了现代的"自然主义"倾向。根据"自然主义"，只有客观事物及其过程存在，除此以外并没有什么特别的意义。与之相对，加布里尔的"新实在论"从原理层面上对其重新进行了思考。

说起实在论，或许有人可能会把它等同于"自然主义"，即主张只有客观对象存在。但是，加布里尔所主张的"新实在论"不仅仅肯定了客观的宇宙，也肯定了心理（精神）的固有作用。

甘丹·梅亚苏（1967—）

法国哲学家，在巴黎高等师范学院就读时曾受到阿
兰·巴丢的指导，是现在最知名的后结构主义之后
的哲学家。2006 年，他的处女作《有限性之后》一
经发表，便给盎格鲁大陆哲学圈的年轻思想家们带
来了巨大的影响，以他为中心的"思辨实在论"哲学圈也由此形成。曾
有人评论这与德里达在美国哲学圈声名鹊起的情况十分类似，人们期待
他今后能有更大的作为。

马尔库斯·加布里尔（1980—）

德国哲学家，29 岁即出任德国波恩大学的教授，现已
出版著作十余种，才华出众，甚至被称为"天才"。
他的研究以德国观念论哲学为主，同时也精通英美分
析哲学、法国结构主义及后结构主义。在理解了古希
腊以来哲学传统的基础之上，他结合广博的知识，为现代哲学开辟出了新
天地。他与意大利的费拉里斯一同作为"新实在论"的倡导者，形成了世
界范围内的哲学圈。《为何世界不存在》一书可以说是他的宣言书，在
2013 年出版后成为哲学领域难得的畅销书。

自然主义的转向指的是什么？

能否消除心理作用？

倡导"新实在论"的加布里尔对现代的自然主义哲学趋势采取了批判的态度。那么，我们应该如何来理解基于科学的自然主义呢？为了回答这个问题，我想谈谈后"语言学转向"的另一股潮流，即认知科学的"自然主义转向"。

为了了解这一理论，先来看看加利福尼亚大学圣地亚哥分校的保罗·丘奇兰德*教授的论文——《排除式唯物主义与命题态度》（1981年）。在这篇论文中，他批判了对"常识心理学"的普遍认知，并试图用神经科学等认知科学理论来取代"常识心理学"。

在了解丘奇兰德的主张之前，我们先来认识一下"常识心理学"。关于"常识心理学"，丘奇兰德叙述如下：

> 一个正常人能够轻易而成功地解释甚至预言他人的行为，这种解释和预言通常要参考被认为是当事人的那些愿望、信念、恐惧、意图、感知等等。而解释必以规律（至少是粗略而易用的规律）为其前提……鉴于其本质与功能，将这一知识体系称之为"常识心理学"可以说是再合适不过了。[18]

之所以被称为"常识心理学"，是因为它并没有特定的学科基础理论，而是人类从孩提时代就掌握的一种对他人及自己心理的理解能力。丘奇兰德批判"常识心理学"的原理从根本上来讲就是错误的，并提出了取代它的理论：

保罗·丘奇兰德
（Paul Churchland）
生于1942年，在美国工作的加拿大哲学家，专攻心理哲学、神经哲学领域，加利福尼亚大学圣地亚哥分校的名誉教授。

> 如果我们从自然史和物理科学的视角来观察人类，我们可以对人的组成结构、发育和行为能力给出一个完整的描述，包括粒子物理学、原子和分子理论、有机化学、进化理论、生物学、生理学以及神经科学……人类历史上最伟大的理论综合正在形成，而且已部分地运用到描述和解释人的感知输入、神经激励和运动控制。[19]

丘奇兰德在撰写这篇论文时，神经科学还不像现在这般发达，这只是他本人的一种希望性预测。但是后来，由于脑科学及人工智能研究的飞速发展，有关于此的讨论越来越具体化。在《理性的引擎，灵魂的所在地：进入大脑的哲学之旅》（1995年）中，丘奇兰德略带兴奋地说道：

> 大脑是如何工作的呢？大脑是

如何支撑起一个人的思考、感觉、做梦、保持自我及个人意识的呢？神经科学研究和近年来的人工神经元网络研究的新成果，统一回答了这一问题……如今这方面的研究逐渐兴起，长久以来的神秘面纱逐渐褪去，人类对此形成了新的认知，我只不过是对此衷心感到高兴才执笔撰写了这本书。这种情绪并不仅限于我一个人，如今许多跨学科领域也都在兴致勃勃地研究这一问题。[20]

据丘奇兰德所述，由于神经科学、信息科学、人工智能研究等跨学科认知科学的发展，大众对一直以来裹着神秘面纱的"心理"也开始有了广泛的了解。

延展"心智"

与丘奇兰德的"认知科学论转向"相呼应，主张转向新方向的还有爱丁堡大学的教授安迪·克拉克*。克拉克于 1998 年与大卫·J. 查默斯*（《有意识的心灵》的作者）共同发表了论文《延展心智》，提出了与心智有关的新见地：

> 人类与外部存在在两者之间的交互作用中相互耦合，创造出一个统一的系统，这个系统又分别被理解为各自独立的认知系统。这个系统中的各个组成部分起到了积极的因果作用，以和普遍认知相同种类的方法，联结起来支配人类的行动。如果除去了外在因素，就如同除去了大脑的一部分一样，系统的行动能力会变得低下。我们的论点是，

作为一个整体，无论大脑中有的或是没有的都联结起来统一形成了一个过程，这个过程被看作与认知的过程完全相同。[21]

克拉克与查默斯倡导的，是心智并非局限于头脑之中，而是应在与身体和周边环境的相互耦合中去理解，正如他们论文的题目"**延展心智**"。他们把这种观点命名为"积极的外在主义"，即将自己的身体与周围环境联动起来的"外在主义"，而不是将心智的存在方式与功能封闭在头脑中的"内在主义"。

乍一看，把"心智"延展至外部的说法可能会让人觉得有些奇怪。我们可以想象一下计算时候的场景，也许就不会觉得那么奇怪了。一位数的加法和乘法我们在大脑中就能计算出结果，但是如果换成三位数或者四位数，我们就不得不借助纸和笔了。也就是说，计算这个"心智"的功能，需要纸和笔与书写等身体动作联动才能实现。理解了这一点，我们再去读刚才引用的文章，应该就能明白它想表达的意思了。

基于这种观点，克拉克于1997年出版了《此在：重整大脑、身体与世界》一书。

安迪·克拉克
（Andy Clark）
生于1957年，爱丁堡大学哲学教授，专攻认知科学、心灵哲学等领域。

大卫·J. 查默斯
（David John Chalmers）
生于1966年，澳大利亚哲学家，是心灵哲学领域具有代表性的哲学家之一。

该书的原名为 *Being There*，是海德格尔于 1927 年出版的《存在与时间》一书中，作为表现人类的存在方式一词曾使用过的德语（Dasein，"存在"）的英译。

因此，克拉克的书可以说是重新诠释了人类的存在状态（此在），正如副标题所示，把人类放在"大脑与身体和世界"所联结的系统中去理解。有关于这一主张的意义，克拉克力证如下：

> 可能大众会普遍认为大脑虽被视作身体化活动的控制中心，但除此以外却并没有什么更大的价值。可是这个小小的视角转变，却相当于构建了心智科学并带来了重大的影响。实际上，由此我们有必要全方位地刷新一下对认知行动的看法，并果断舍弃如下的想法（笛卡尔以来普遍的想法）：心智领域与身体领域的区别；知觉／认知／行为的明确划分线；使高级理论发挥作用的大脑执行中枢。而最重要的是，我们要舍弃将思考和身体化行为与人为行为相分离的研究方法。这样一来，所呈现出来的就确实是崭新的心智科学了。[22]

克拉克的理论将一直以来对人类、环境、社会的理解进行了一个根本性的颠覆。因此，他的主张不仅在哲学方面开辟了全新的视角，也为人文科学和社会科学开启了新的可能性。

通过脑科学来说明道德

哲学的"自然主义转向"还有另一个方向，主要代表是乔舒亚·格林*的研究，我们将在第三章中对其具体情况进行介绍。从乔舒亚·格林的研究情况来看，如今哲学已经与心理学和脑科学紧密联系在了一起。

本科和研究生时期，格林曾师从阿马蒂亚·森*和彼得·辛格*两位著名的哲学家。之后，他又在心理学研究的道路上不断深造，并掌握了脑科学的方法，阐明了大脑是如何转化为"心智"的。

使格林一举成名的，是他通过fMRI（功能性磁共振成像）实现了大脑成像，对所谓"电车难题"的两种选择给出了解答。一直以来，"电车难题"中反复被讨论的是救5个人还是救1个人的问题——为什么当情况发生改变时会做出不同的判断？对此，格林通过大脑成像的方法，明确地指出了大脑的功能部位有所不同的问题。

格林的研究之所以具有划时代意义，是因为他以实证的形式，对由大脑的构造与功能所引起的善恶这一道德判断进行了论证，使由来已久的道德问题可以通过脑科学获得实证解答。

但是，哲学家们对这一想法提出了强烈的批判。纽约大学教授托马斯·内格尔*撰写了一篇名为《你无法通过脑部扫描来学习道德——道德心理学的问题》的书评，向格林在2013年出版的著作《道德部落》发起

乔舒亚·格林
（Joshua Greene）
哈佛大学心理学教授，主要从事实验心理学、神经科学、哲学的研究。

阿马蒂亚·森
参见137页。

彼得·辛格
（Peter Albert David Singer）
生于1946年，澳大利亚哲学家、伦理学家，曾入选《时代》杂志"全球最具影响力100强"。

托马斯·内格尔
（Thomas Nagel）
生于1937年，美国哲学家，专攻政治哲学、伦理学、认识论、心智哲学等，主要著作有《本然的观点》。

挑战。内格尔在书评中这样写道：

> 格林试图说服我们，道德心理学比道德哲学更加根本……格林用他的心理学方法去研究过去的哲学问题，然而这并不能解决问题。[23]

尽管存在这样的批判，格林的研究还是给道德哲学带来了很大的冲击。之所以会这样，也是因为以该研究为机缘，"神经伦理学"学科得到了极大发展。有关于此，看一下澳大利亚哲学家尼尔·利维*的《神经伦理学：21世纪的挑战》（2007年）就清楚了。继格林的研究之后，通过神经科学来说明道德的研究逐渐开始被明确提出。

而且，这一研究也开始逐步向其他领域扩展，我们来看一下具体情况。《道德部落》一书中曾提及，格林的研究同诺贝尔经济学奖获得者丹尼尔·卡内曼的"行为经济学"有关联。大脑成像能够在多大程度上说明人类的经济行为？这种"神经经济学"和"神经伦理学"相同，虽然刚开始，但却是一种新的可能。

实际上，这样的拓展研究并不仅仅局限在经济学方面，而是在人类所有的活动和心理功能方面都有涉及。这些研究虽说尚处萌芽阶段，但相信它们很快就会和具体的科学研究相结合，实现飞跃式的发展。

尼尔·利维
（Neil Levy）
澳大利亚麦考瑞大学哲学教
授，专攻神经伦理学，也在
牛津大学任教。

20世纪之后的哲学动向

18世纪 **建构主义·相关主义（哥白尼式转向）**

⬇

20世纪 **语言学转向**

分析哲学 实用主义	结构主义 后结构主义	法兰克福学派 解释学 交往理论

⬇

后现代

⬇

后现代以后

21世纪 **后语言学转向**

实在论

各个学科

认知科学、信息科学、
生命科学、环境科学、
法律·政治·经济·社会学、
艺术·宗教

自然主义　　　　　**媒介技术论**

意外地哲学思考：与埃利·杜灵访谈

[法] 贝尔纳·斯蒂格勒 著；许煜 译

上海社会科学院出版社 2018 年 8 月

为了真正理解斯蒂格勒的思想，必须认真研读其著作《技术与时间》。可以先读《意外地哲学思考》了解其基本思想，再去读《象征的贫困》，便能对其思想有更切实的体会。关于他传奇的人生经历，可以去读他的《演出》。

The Universe of Things: On Speculative Realism/ 物质的宇宙：关于思辨实在论

Steven Shaviro / [美] 史蒂芬·沙维罗 著

University of Minnesota Press / 明尼苏达大学出版社 2014 年 10 月

关于最近开始流行的"思辨实在论"，本书为我们提供了概要式的展望。可能读者对这一思想尚且陌生，那么就从沙维罗的这本《物质的宇宙》入手吧！之后再去读梅亚苏的《有限性之后》，应该能加深对其的理解。

Warum es die Welt nicht gibt/ 为何世界不存在

Markus Gabriel / [德] 马尔库斯·加布里尔 著

Ullstein Taschenbuch / 袖珍出版社 2015 年 1 月

以浅显方式向非哲学专业读者介绍"新实在论"的畅销书。原著以德文出版，随即被译为英文。不熟悉德文的人可通过研读英译版，逐渐树立对哲学的整体印象。加布里尔与斯拉沃热·齐泽克（Slavoj Žižek）合著出版《神话·疯狂·哄笑——德意志观念论的主体性》（*Mythology, Madness, and Laughter: Subjectivity in German Idealism*），附录中刊载了《为何世界不存在》的演讲稿。

目前尚无从全方位视角介绍后现代之后的现代思想的相关书籍，有的只是各流派对个别观点的阐述。各学派虽然在后语言学转向这一点上达成一致，但也存在互相对立的主张，因此很难一概而论。其中，"新实在论"的思想家们明确提出了与后现代相对的哲学观点。大家从毛里奇奥·费拉里斯的《新实在论入门》中可以了解相关情况。此外，在自然主义转向方面，有弗雷德·德雷茨克（Fred Dretske）的《心化自然》（*Naturalizing the Mind*）和汤玛斯·梅辛革（Thomas Metzinger）的《自我隧道》（*Der Ego-Tunnel*）。《自我隧道》虽属自然主义，却偏德国风格。技术哲学方面，有海德格尔的《技术的追问》、哈贝马斯的《作为"意识形态"的技术与科学》以及吉尔伯特·西蒙栋的《技术对象的存在方式》（1958 年）等。此外还有安德鲁·芬伯格（Andrew Feenberg）的《质问技术》（*Questioning Technology*）等。

第二章

信息技术革命
将会给人类带来什么？

改变人类历史的
两场革命

20 世纪后半叶，两场技术革新引发了人类史上的决定性转向，它们分别被称为**生物技术革命和信息技术革命**。技术革命发轫之始，大众尚且不清楚其所开辟的新领域、引发的新变化。到了 21 世纪，技术革命所带来的影响逐渐被大众所认识。有关于生物技术革命的内容，我们将在下一章探讨，本章的主题是信息技术革命。

人们普遍认为，技术必然会对人类社会生活产生影响。但是目前正在发展中的信息技术革命已不仅仅是社会的周边现象，而是时代中心的焦点。比如，法国哲学家吉尔·德勒兹*就结合不同种类的机器对历史变化进行了描述：

> 使一些类型的机器与一种社会相应是很容易的，这并不是因为机器是决定性的，而是因为机器表现出那些能够产生并使用机器的社会形式。古老的绝对统治社会使用简单机器，使用杠杆、滑轮、钟表；最近的惩戒社会装备有能量论的机器……控制的社会则采用了第三类机器：信息机器和电脑……(1)

> 德国哲学家诺伯特·波尔茨*从略微不同的视角出发，在其著作《古登堡银河系的终结》（1993 年）中指出，曾引领近代发展的媒介已经逐渐退出历史舞台，现代社会是

"古登堡银河系的没落，纸质印刷文明的终结"。他认为，现代是"电脑、科技、磁记录介质和大型通信网的时代"。如果说古登堡的活字印刷术划定了近代的界限，那么现代人就应当是"后活字印刷术人类"了。[2]

德勒兹和波尔茨虽然在对近代的划分上有所不同，但却一致认为现代已然是电脑和通信网络的时代。他们探讨这一问题时，无论是电脑还是通信网络，都还不像现在这般渗透到我们生活的方方面面。现在，电脑和网络已普及大众，甚至连小孩都随身携带手机。电脑和通信网络已经成为现代社会司空见惯的景象。

那么这场信息技术革命中究竟发生了什么？屡次为未来社会提议献策的人工智能研究者雷·库兹韦尔[*]提出了"技术奇点（Singularity）"的概念，极力主张到2045年人工智能将超越人类智慧。此外，著名的物理学家斯蒂芬·霍金博士于2014年5月在《英国独立报》上发出警告："过度发展的人工智能甚至会导致人类的终结"。

吉尔·德勒兹
（Gilles Deleuze）
20世纪法国现代哲学代表人物，著有《差异与重复》《意义的逻辑》等。

诺伯特·波尔茨
（Norbert Bolz）
生于1953年，德国哲学家，专攻媒体和传播理论领域，著有《世界交流》等。

雷·库兹韦尔
（Ray Kurzweil）
生于1948年，美国发明家、企业家、未来学家，人工智能研究的世界权威。

关于应该如何看待这些预言与警告，哲学家们的意见还存在分歧。但是对于信息技术革命的技术发展对现代社会产生了决定性影响这一点，至少是没有异议的。问题是，技术革命将会把我们引向何方？

手机存在论

在现在的日常生活中，手机的使用频率令人瞠目结舌。比如，乘电车的时候，大部分人都在盯着手机屏幕；无论是大人还是小孩，都在整天玩手机。对于这种情况，我们该如何理解？手机对我们来说，有着什么样的意义？

这里，我们先来探讨一下在第一章中曾介绍过的意大利现代哲学的领军人物——**毛里奇奥·费拉里斯**的"记录性"这一概念。费拉里斯对手机的存在方式进行了哲学性的分析，并将其表述为"记录性"这一概念。

费拉里斯引用了马歇尔·麦克卢汉 * 在其著作《理解媒介：论人的延伸》中提到的预言。据麦克卢汉所言，古登堡活字印刷（纸质印刷）时代已经结束，影像和声音（电视及电话）赫然闯入我们的生活。因此，一般来说都认为书写的时代已经结束。如果说近代是"书籍"的时代，那么现代则是"声音和影像"的时代，而手机或许可以说是现代的象征。手机与固定电话不同，它实现了随时随地都可以相互通话的可能。

但是，费拉里斯并不认同麦克卢汉的观点，他认为现代正在朝着与麦克卢汉的预言相反的方向前行，即**"书写越来越流行"**。现代的手机已不仅仅用于通话，还可以发短信、写推特、浏览网上信息、上传或下载影像及音乐等：

马歇尔·麦克卢汉
（Marshall McLuhan）
逝世于 1980 年，出生于加
拿大的英国文学家、原创媒
介理论家，主要著作有《古
登堡星系》。

> 我们正在慢慢地减少通话，而逐渐转为书写了。甚至可以说我们一整天都在书写。当我们不用手机写东西的时候，我们就用手机读东西。实际上，手机为了便于阅读和书写，屏幕已经变得越来越大。而当我们难得地既不阅读也不书写的时候，我们也在记录（拍照片、录视频、做笔记等）。[3]

在这个基础上，费拉里斯认为，现代的手机已经不是一个通话工具，而变成了一个"为了书写、阅读、记录的机器"。这一说法，可以说是极其恰当地概括出了现代手机的存在方式。对此，费拉里斯用"记录性"这一概念来表述，认为"书写的流行正是说明'记录性'意义最深远的证据之一"。

那么，这个"记录性"都有哪些特点呢？费拉里斯列举了三点：第一点是**公共接触的可能性**，第二点是**无法削减的残存性**，第三点是**产出复制性**。

社交网络并不是为市民而设的媒体？

我们再来思考一下社交网络在群体行为中起到的作用。在记录社会学家齐格蒙特·鲍曼*和大卫·莱昂*对谈的一本书中，莱昂提出了以下问题：

> 社交媒体在 2011 年爆发的"占领华尔街"等抗议活动和民主化运动中被广泛使用，同时，政府当局借助社交媒体持续追踪抗议活动的参与者也是事实。从这一点来说，社交媒体对社会组织化的有效性是有所抵消的。[4]

这里，莱昂指出了一点，即**社交媒体的危险性**。比如，脸谱网是一个系统，它通过在网络上公开自己的信息并将其与其他很多人共享，使得网络得以形成，并且这些信息都来自于实名登录。

但是，这样的系统在开展反政府运动时其实是极其危险的。因为运动的组织者一旦被锁定，很容易被政府顺着他的社交关系网找出同伙。警察会想尽办法通过监管手段掌握并控制参与运动的人员的社交关系网，所以，把脸谱网用于政治活动是不是真的合适？目前，这个问题还没有明确的答案。

优兔也是类似的情况。虽说市民上传到网络上的视频的确是实际发生的事情，但政府由此就能确定参加反政府运动的人员并将其逮捕。因此，对于这一类当事人完全不知情的视频上传至网络的行为，我们应该要尽量避免。

可见，不要过分夸大社交网络在活动组织方面的作用。

鲍曼对之前莱昂的提问做出这样的回答也就不难理解了："你所

阐述的情况，就好像一把刀既能用来切开面包，也能用来割开喉咙……你的说法是完全正确的。"如果是这样的话，我们就有必要从不同的角度来审视信息技术革命了。

齐格蒙特·鲍曼
（Zygmunt Bauman）
生于1925年，波兰社会学家，是一位掌握了多国语言的知识分子，其研究推进了对如今后现代社会的考察。

大卫·莱昂
（David Lyon）
生于1948年，加拿大社会学家，主要研究有关监视社会的问题。

毛里奇奥·费拉里斯（1956—）

意大利哲学家，都灵大学教授，学生时代曾师从后现代哲学家詹尼·瓦蒂莫，还受到了后解构主义大师雅克·德里达的影响。因此，初期他曾被视作后现代主义者，但是据他本人所述，那期间他一直都持有实在论的思想。最近，他正在同德国的马尔库斯·加布里尔一起倡导"新实在论"，构想21世纪的哲学。

监视社会化的现代世界

是"一人一号制"导致了监视社会吗?

最近,日本引入了"一人一号制"*,但这一举措在社会、政治、文化方面的意义似乎并没有引起人们过多的关注,反倒是在思考"信息技术革命将会走向何处"这一问题时,"一人一号制"显得尤为重要。例如,斯洛文尼亚哲学家斯拉沃热·齐泽克*的下述观点会让我们很难平静下来:

> 近来,奥威尔那几乎被人们忘却的"老大哥"观念正在从数字化生活带来的威胁——不亚于"隐私的终结",躲避"老大哥"无处不在的凝视的最后避难所的消失——中获得新生……我们日常生活的数字化使"老大哥"的控制成为可能。[5]

"老大哥"这个词,来自于小说家乔治·奥威尔的作品《1984》。奥威尔以二战前夕的集权主义国家为样本,描写了一个人人都被密切监视的社会,这个社会的统治者即为"老大哥"。近年来,该词语被用于实况真人秀电视节目名称,意指在家中安装监视器来观察家族成员的言行。

"一人一号制"是否会演变成"老大哥"式的监控暂且搁置,我们先来谈谈"监视社会"的问题。

"监视社会"这个词最早由法国哲学家米歇尔·福柯在其著作《规训与惩罚：监狱的诞生》（1974 年）一书中提出。在这本书中，福柯根据英国功利主义哲学家杰雷米·边沁所提出的**"圆形监狱 / 全景监狱"**概念，将近代社会看作全景监狱社会。关于全景监狱，福柯说明如下：

> （全景监狱是）一种环形建筑，中心建有高塔，在塔的顶部能监视四周的囚室。由于逆光，囚犯并不能看到高塔内的情况，高塔内的监视者则可以实现对一切状况与行为的监督。权力虽然隐藏起来并不可见，但却始终存在。这就好像是一双眼睛变成了无数双眼睛，权力也随之扩大了。甚至以"样本"著称的现代最新型的监狱，多数也是基于这个原理修建的。[6]

在福柯看来，不仅监狱如此，整个近代社会也像是一座全景监狱，"现代税收制度、精神病院、信息文件、电视网及其他各种技术，都是全景监狱原理的应用并

一人一号制
每个人都有一组十二位编号的制度。

斯拉沃热·齐泽克
（Slavoj Žižek）
生于 1949 年，斯洛文尼亚哲学家，拉冈派精神分析学家，年轻思想家的领军人物。

全景监狱

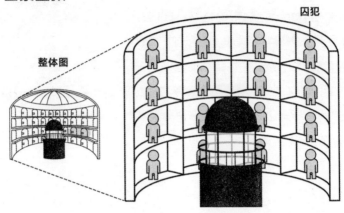

具体化的结果"。根据福柯的观点，不仅是近代社会，现代社会也可以被称为"全景监狱社会"。

在理解全景监狱社会时，要注意它有两个重要的特征。一是**"监视者"与"被监视者"的非对称性**，即"被监视者"总是在被观察，其行为可以被详细地记录下来，但被监视者的视线是看不到监视者的，因此，在生活中，"被监视者"会感觉到自己在被监视。二是**借由"监视"使人们接受规训（或调教）**。由于感觉随时处于被监视之中，人们会更加自觉地去遵守社会秩序。人们意识到，一旦扰乱秩序，就有可能被社会排除在外，因此为了获得平顺的发展，大家都会主动去遵循各种制度。

由信息技术衍生出的自动监视社会

福柯的"监视社会"的概念在提出之时（19 世纪 70 年代）曾被视为极其新颖的观点。但是从现代的情况来看，这个观点还有很多地方需要完善。其中之一就是"数字化"问题。在福柯的概念模型中，监视采用的是"模拟"技术，记录以文字资料的形式进行存储，然而现代社会中生活的各个方面都已经数字化了。

基于这一点，美国媒介学学者马克·波斯特[*]在其著作《信息方式：后结构主义与社会语境》中，对福柯的全景监狱论从现代视角重新进行了解读，并提出了**"超级全景监狱"**的概念：

马克·波斯特
（Mark Poster）
美国当代历史学家，专攻 20 世纪欧洲思想史、批判理论和媒介学。

> 今天的"传播环路"以及它们产生的数据库，构成了一座超级全景监狱，一套没有围墙、窗子、塔楼和狱卒的监督系统……社会保障卡、驾驶执照、信用卡、借书证等等，个人必须申办，必须随时准备好，并不断使用它们。每一次使用都被记录、编码并加进数据库中。许多情况中，人们自己动手填表；他们便既是信息源又是信息记录器。电脑的家庭联网构成了这种现象的一体化的顶点。[7]

电脑和手机自不必说，除此之外，我们的日常生活有一多半都要基于数字信息技

第二章　信息技术革命将会给人类带来什么？　057

术，比如购物的信用卡、银行的自动提款卡、乘车的公交卡、听音乐的 iPod、开车的导航系统等等。这类数字技术的特点是，不会让使用者意识到自己"正在受监视"。

我们来看一个浅显易懂的例子——在亚马逊网站上买书。众所周知，在亚马逊网站上检索或购买书籍时，会自动出现推荐书单，向买家介绍一些他可能感兴趣的书籍。要实现这一点，就必须把买家检索或购买的书籍信息收集并存储起来。看到推荐书单时，我们往往会发出"啊！原来还有这本书啊！"之类的感叹，然后不知不觉就买了下来，中了亚马逊设定的营销套路。

按照福柯描述的场景，被监视者无法看到监视者，而监视者一直在对面伺机而动，同时，被监视者是特定的个人，其个人的信息会被搜集并储存。但是，现代的数字化监视，"被监视者"具体是谁已经不是问题，因为监视是自动执行的。从某种意义上来说，如果不出现问题，根本就意识不到自己在被监视。比如，某个人只要具有足够的支付能力，那么他就能自由地使用信用卡，而如果支付能力不足，也只是受限不能使用信用卡而已。

共景监狱——由多数监视少数

福柯在引入"全景监狱"概念时，是有一种历史模式的。他结合德国监狱改革论者朱利尤（Julius）的见解，叙述如下：

> 古代社会曾经是一个讲究宏伟场面的文明。"使大批的人群能够观看少数对象"，这是庙宇、剧场和竞技场的建筑所面临的问题……现代社会则提出了相反的问题："使少数

人甚至一个人能够在瞬间看到一大群人"。⁽⁸⁾

这个模式十分有名，很多研究者据此认为"近代是少数人监视多数人的社会"。但是，挪威社会学家**托马斯·马蒂森**（Thomas Mathiesen）却认为，这一观点中有着决定性的并且是有意识的漏洞。也就是说，虽然福柯主张"古代 = 讲究宏伟场面""近代 = 监视"，但是从历史角度来看，这样的对比其实是有些牵强的：

> 这一观点从历史的角度来理解是有一定错误的。更接近事实的情况是，全景监狱系统在过去的两个世纪虽然飞速发展，但是其根源却在古代。不仅仅是个人监视技术，还有全景监狱监视系统的雏形，都可以追溯到早期的基督教时代甚至更早。⁽⁹⁾

也就是说，监视技术并不是如福柯所强调的近代所特有的产物，而是可以追溯到更早以前的社会。另外，我们还要注意一点，那就是近代社会并不仅仅在"监视技术"上有所发展，在**"讲究宏伟场面"方面也发展迅速**。但是，福柯完全忽视了这个方面：

> 在加深对飞速发展的近代监视系统的理解方面，福柯虽然做出了巨大的贡献……但是，他却忽视了非常重要的一点，即在监视系统兴起的同时，于此相反的情况也在飞速发展。具体来说，比如大众媒体，特别是电视……也是让多数人……观察少数人。⁽¹⁰⁾

基于这种观点，马蒂森提出了一个与全景监狱相反的概念。"全景监狱"（Panopticon）这个词从语源上来说，是由表示"全部"的"pan"和表示"看"的"opticon"组成，指能观察到多数人的监视系统。与之相对，马蒂森所提出的概念不仅是"监视"，还有"多数人观察少数人"的意思，他用表示"一起、同时"的"syn"将其命名为"共景监狱"（Synopticon），意指我们是"被监视者"的同时，也是"观察者"。

马蒂森用"大众媒体，尤其是电视"阐释"讲究宏伟场面"，但是从现代的情况来看，用智能手机来阐释似乎更恰当一些。我们时刻盯着智能手机的屏幕，不停地用手机检索信息，或者看视频，或者听音乐，或者给脸谱网上的文章点赞……而当我们一边盯着手机画面一边检索信息时，我们的一举一动也都受到了监视。盯着画面的同时也代表着被监视，这两者是无法割裂的。

现代"控制社会"的原型

为了考察现代的数字化社会，此前，我们介绍了福柯的"全景监狱"模式及其修正版。但是，"全景监狱"模式对理解现代社会是否适用呢？齐格蒙特·鲍曼在其著作《流动的现代性》（2000年）中，曾说：

> 米歇尔·福柯使用杰雷米·边沁的"全景监狱"一词来比喻现代权力……无论现代性历史中的现阶段是一个怎样的阶段，它，或许，首选也是后全景模式的阶段。[11]

在表述这个观点时，鲍曼想到的恐怕是法国哲学家吉尔·德勒兹的"控制社会理论"。德勒兹在晚年发表的《哲学与权力的谈判》（1990年）一书中，曾将**"控制社会"**与"全景监狱"模式的"惩戒社会"进行对比，并对**"控制社会"**定义如下：

> 我们肯定是在进入"控制"的社会，这些社会已不再是严格的惩戒式的社会。福柯常常被视为惩戒社会及其主要技术——禁锢（不仅是医院和监狱，也包括学校、工厂、军营）的思想家。事实上，他是最先说出此话的人物之一：惩戒社会是我们正在脱离的社会，是我们已经不再置身其中的社会。[12]

据德勒兹所述，福柯所分析的"惩戒社会"在20世纪初期达到顶峰，在第二次世界大战后逐渐瓦解，于是，"代替惩戒社会的就只有控制社会了"。但是，无论德勒兹如何解释，"惩戒社会"与"控制社会"究竟有哪些方面不同，人们依然不太清楚。那么，究竟应该如何理解德勒兹所讲的现代"控制社会"呢？

首先需要说明的是，这里的"控制"，并不是指个人被外部力量所强迫，每个人还是可以遵循自己的意志自由活动的。但尽管如此，每个人仍随时随地受到"控制"，而这件事正是通过信息处理器或电脑达成的。每个人自由活动的瞬间都被检查并记录下来，并且这些数据将会自动进行存储和累积。

"个人"（individus）这个词原本具有"无法分割"的意思，但在"控制社会"中，个人的具体活动都会被细分，相关信息被记录下来。以我们的日常生活为参照，就能理解德勒兹所讲的这段话的现实意义了：

> 数字构成了控制的数字语言，数字表示存取信息或是
> 弃绝信息。人们不再面对整体—个体这一偶对，个体变成
> 了"可分体"，整体变成了样品、数据、市场或"银行"。[13]

也就是说，**每个人都会被分割成片段式的资料并被持续地记录。**刷卡买东西，使用导航开车，用公交卡乘电车，在谷歌上浏览网页，用推特发消息，用电子邮件洽谈公务……虽说这些行为都一一被控制，但我们可能根本意识不到自己正在被控制中。

脸谱网与谷歌的野心？

为什么脸谱网与谷歌最近努力在没有网络的地区进行网络建设以让当地实现免费连接网络？个中缘由相信大家都能够理解。

脸谱网曾于 2013 年宣称，将建立以在全球架构互联网为目标的"Internet.org"组织。这是一个为世界上约 50 亿无法使用网络的人群提供网络服务的尝试。作为这个活动的一环，脸谱网于 2015 年发布了利用通信卫星免费为非洲地区提供网络服务的计划。

另一方面，谷歌也于 2013 年发布了"Project Loon"项目，即利用热气球来构建网络连接环境，为全世界提供廉价又快速的联网服务。乍一看，这似乎是一个唐突草率的计划，但是却充分反映了他们想在全世界构建舒适便捷的互联网环境的想法。

显然，我们不能把脸谱网与谷歌的计划仅仅看作慈善事业。那么这两家公司提出这样的计划究竟有什么目的呢？

值得注意的是，上述计划并非旨在用电脑连接网络，而是用智能手机来联网。微软操作系统曾经在电脑上扮演了"平台"角色，如今

谁又会在智能手机上扮演同样的角色呢？谷歌和脸谱网之所以如此剑拔弩张，竞争激烈，就是为了掌控这个"平台"的霸权。

据说，脸谱网的用户目前在全世界已经高达 14 亿人，谷歌的用户似乎也达到了 10 亿人以上，而这个数字还会持续增长，甚至超过现实中国家的人口数。而"平台"一旦建成，脸谱网与谷歌就能通过它掌握使用者（虚拟国民？）的"大数据"。这些数据会持续增加，其影响力（控制的权力）将难以估量。

托马斯·马蒂森（1933— ）

挪威社会学家，奥斯陆大学名誉教授。1997 年发表论文《观众社会》，对福柯的"全景监狱"加以批判，提出新的"共景监狱"概念，并因被齐格蒙特·鲍曼在《流动的现代性》中引用而受到瞩目。2013 年出版《走向监视社会》。

人工智能对人类的影响

大数据与人工智能的复兴

最近，大数据又有了新的发展，在人工智能研究领域取得了不同于过去的进展。

关于人工智能的研究从 19 世纪 50 年代开始历经了两次热潮，现在正处于第三阶段。过去两个阶段的目标在于给电脑搭建规则、逻辑和知识体系，用以解决现实世界的具体问题。但现实中的具体情况很难一概而论，总会有例外或偶然事情发生。想想我们在日常生活中的对话就能明白，现实情况千变万化，不可能一成不变地按照规则行事。

从这一点来看，研究出可与人类智慧相匹敌的人工智能技术有些让人不可思议。实际上，美国哲学家休伯特·德雷福斯[*]早在 19 世纪 70 年代就在其著作《计算机不能做什么》中，就"人工智能的极限"提出了如下主张：

> 在把时间和资金花费在信息加工之前，应该想一想，人类主体原型和已有的程序，是否表明计算机语言适用于分析人的行为；把人类理智全部分解成离散的、确定的、与上下文环境无关元素的规则来支配运算，是可能的吗？逼近人工智能的这一目标究竟是不是可能的呢？两者的答案是一个：不可能。[(14)]

如今这样的状况正在发生巨大改变。例如，大家应该已经从新闻中看到了可以自动驾驶的无人车的消息，车上搭载的就是人工智能技术，它能够判断复杂多变的具体情况并及时采取恰当的对策。如若不然，就很有可能事故频发，但事实上因为它能够灵活应对周围的环境，所以几乎没有发生过事故。

又例如，如果有苹果手机，我们应该会用到一个叫"Siri"的应用。当我们用自然语言对它说"检索某某"时，很快会得到相应的答案。也就是说，它能理解我们所说的内容并做出相对应的回答。这个应用虽说现在用起来还不那么灵活，但从某种程度上来说还是十分有用的，可以说是在苹果手机上搭载的人工智能技术。

现在的人工智能已与过去有所不同，它可以从复杂多变的现实情况出发，进行**自主学习**，也被称为"机器学习"或"深度学习"，人工智能水平因此获得了飞跃性的发展。而为人工智能进行自主学习提供信息的正是大数据。通过互联网收集到的大数据是人工智能进行"深度学习"的素材。由于信息量越来越大，遇到突发和例外情况时，人工智能也能够妥善处理。

如今以大数据为支撑，人工智能研究正

休伯特·德雷福斯
（Hubert Dreyfus）
生于1929年，美国哲学家，研究欧洲现代哲学的同时，也持续对人工智能提出哲学批判。

处于爆发式的发展中。

与人类平等对话的人工智能可以实现吗？

不过，人工智能真的能够具有如人类一般的智慧吗？在机械计算和信息处理等方面，人工智能的水平的确远超人类。但是在用自然语言进行对话方面，人工智能连小孩的水平都不如，它对根据上下文的意思做出恰当回答或提问都有一定的困难。那么，人工智能真的能够像人类一样处理事情吗？

最早提出这个问题的是英国的数学家艾伦·图灵（Alan Turing），他在1950年发表的论文中提出了"机器能思考吗？"这一问题，并设计了一个验证答案的方式。这个验证方式被称为"图灵测试"，简单地说，就是让提问者隔着一堵墙同时与人类和机器（电脑）用文字进行交流，并根据交流的情况来判断哪个是人类。

自1990年以来每年都会举行图灵测试的比赛。在比赛中有5分

图灵测试

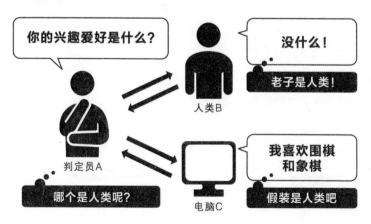

钟的自由对话时间，如果一台机器能够在 5 分钟内回答由人类测试者提出的一系列问题，且超过 30% 的回答让测试者误认为是人类所答，那么就可以认为这台机器具有人类智能。图灵测试自举办以来从没有电脑能通过测试，直到 2014 年初，有一台机器通过了测试。这件事一度引起了轰动，但很多电脑方面的专家也提出了质疑。可以说，能够与人类一样进行对话的人工智能似乎尚未出现。

美国哲学家约翰·R. 塞尔以通过图灵测试为假设条件，提出了一个思维实验——中文屋。该实验最早在塞尔于 1980 年发表的论文《心灵、大脑和程序》中有所提及，这里引用 2004 年的《心灵导论》中的一段话进行说明：

> 本人事实上是根本不懂汉语的……不过，我们能够设想这样一种情况：我被关在一间屋子里，里面有一些装满汉语字符的盒子。另外我还有一本规则手册，这手册实际上就是一个计算机程序，而且也正是它才使得我能够回答出那些用汉语提出的问题。我所接收的那些我看不明白的符号就是问题；我在规则手册中搜寻那些我被认为应当去做的事；我从盒子里拣选出一些符号，根据程序中的规则来摆弄它们，然后将被要求的字符递送出去——这些字符则被解释为回答。即使假定我能够通过用来检测理解汉语的图灵测试，但我依然还是弄不懂哪怕一个字的汉字。然而，如果（在这个情形中）我并没有在执行正确的计算机程序的基础上理解汉语的话，那么任何一台其他的以执行程序为基础的计算机也做不到这一点。[15]

由此可知，塞尔认为即使有机器完全通过了图灵测试，也无法说明电脑就真的像人一样拥有心灵和思维。但是对现代社会而言，无论是否拥有心灵和意识，首要目标是研制出能够通过图灵测试的人工智能。如果有机器能像塞尔想象的那样准确地进行"自动翻译"，那么将对社会产生无法估量的影响。

框架问题解决了吗？

与人工智能相关的还有一个问题，即所谓"框架问题"。这个问题最早出现在人工智能研究者麦卡锡和海耶斯（John McCarthy & Patrick J.Hayes）的一篇论文中，美国哲学家**丹尼尔·丹尼特**（Daniel Dennett）在 1984 年的一篇论文中又重新提起。如今，由丹尼特首创的思维实验已逐渐被广泛应用。虽说篇幅有点长，但为了理解问题，我们还是来看一下丹尼特所描述的这个实验：

①从前有个机器人，制造它的人给它起名叫 R_1。它只有一个任务，就是照料自己。一天，在设计者的安排下，它得知它的备用电池——它珍贵的能源——和一个快要爆炸的定时炸弹锁在一间房子里。R_1 找到了这个房间和房门钥匙，并做出抢救电池的计划。房间里有一辆小车，电池就在这辆车上。R_1 假设，某个叫作拉出（小车，房间）的行动能将电池从房间里转移出来。它立即行动，果然在炸弹爆炸前将电池从房间里取出。然而不巧的是，那个炸弹也在小车上。R_1 虽然知道炸弹就在房间里的小车上，但是没有意识到拉小车时炸弹会随着电池一起被带出来。可怜的 R_1 在计划它

的行动时遗漏了这个明显的蕴涵关系。

②回到制图板前。设计者们说："其解答很明显。我们的下一个机器人，一定要造得不仅能识别它的动作中的拟议的蕴涵关系，而且也能识别这些动作附带的蕴涵关系，可通过它做计划时采用的那些描述来推演这些关系。"他们把下一个模型——机器人推演者叫作 R_1D_1。他们把 R_1D_1 放到与 R_1 失败时相同的险境中。当 R_1D_1 也产生拉出（小车，房间）的想法时，就像设计的那样开始考虑这种行动过程的蕴涵关系。它刚刚推演完把小车从房间里拉出来不会改变房间墙壁的颜色，正要着手证明下一个蕴涵关系——拉出小车时会造成它的轮子转的圈数比小车轮子的多，就在这时，炸弹爆炸了。

③回到制图板前。设计者们说："我们必须教它区分开相关蕴涵关系和无关蕴涵关系，还要教它忽略那些无关的。"于是他们想出一个方法，给蕴涵关系加上标记，标明它与当前任务是相关的还是无关的，并在下一个模型中采纳了这一方法，这一模型叫作机器人相关推演者，简称 R_2D_1。制造者们让 R_2D_1 去接受那个专门设计的、曾使它的前任们丧生的试验，这时他们惊奇地看到，它正坐在那间装有嘀嗒作响的炸弹的房子外面，一副哈姆雷特的做派，它果断的精神本色因陷入沉思而显出病容，正像莎士比亚（以及最近的福多尔）生动描写的那样。"干点什么吧！"他们朝它喊。"我正在做，"它反驳说，"我正忙着忽略成千上万我已确定为无关的蕴涵关系。我只要发现一个无关的蕴涵关系，就把它放进那些必须忽略的关系表中去，并且……"炸弹响了。 ⁽¹⁶⁾

（①—③的编号为本书作者添加）

丹尼特的思维实验

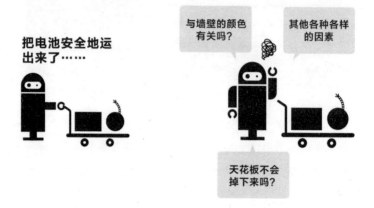

一般来说，"框架问题"是人工智能在实际应用中可能会遇到的难题，为了达成的目的，必须要考虑与之相关的无数个可能的结果。但是就如②所示，要考虑所有结果，就有可能根本不能开始行动。鉴于此，如③所示，设计者命令机器人"只需考虑与目的有关的重要结果，其他一律忽略！"。可是机器人又陷入了永无止境的对"究竟哪个结果与目的相关、哪个结果与目的无关"进行判断的状况中，最终还是无法有所行动。

这样的话，是不是意味着，只要"框架问题"不解决，人工智能就无法实现呢？但值得注意的是，不仅人工智能有"框架问题"，人类也有，但人类能够为了达成目的而采取行动并不是因为解决了"框架问题"。

如果考虑所有结果，人类一样会陷入无尽判断而不能行动，而且人类也不一定能分辨出哪一个才有可能是与目的相关联的重要结果。

只不过，人类不会被"框架问题"限制住，而是能跳出限制采取行动，因此像①那样被炸毁的情况也不少见。

现在有了大数据做支撑，人工智能也逐渐能像人类一样跳出（并非解决）"框架问题"的限制而行动了。正因为如此，无人驾驶才成为一种可能。

丹尼尔·丹尼特（1942— ）

美国哲学家，塔夫茨大学哲学教授。曾在哈佛大学接受奎因的指导，取得学士学位；在牛津大学受吉尔伯特·赖尔教授的指导进行研究，获得博士学位。自学生时代就十分优秀，受到哲学研究者们的高度评价，研究范围非常广泛。在人工智能研究、进化生物学、认知科学等领域积极发表意见，并通过杰出的思维实验提出了新的哲学观念。

信息技术革命与人类的未来

霍金博士的警告

眼看着人工智能在近年来的迅速发展，大家开始担心，它将会把人类带向何处。事实上，以物理学家霍金博士为首的多位知名人士都对此提出了警告。他们有关未来的预测源自雷·库兹韦尔提出的"技术奇点"概念。对此，他阐述如下：

> 那么，什么是奇点呢？奇点是未来的一个时期：技术变革的节奏如此迅速，其所带来的影响如此深远，人类的生活将不可避免地发生改变……奇点临近暗含一个重要思想：人类创造技术的节奏正在加速，技术的力量也正以指数级的速度在增长。[17]

库兹韦尔将"技术奇点"到来的时间点设定为"2045年"。尽管这个说法还有些争议，但可以预测的是，人类将会在21世纪的某个时间点到达"技术奇点"。那么，到时会发生些什么呢？

出生于瑞典的牛津大学哲学家尼克·波斯特洛姆于2014年出版了《超级智能：路线图、危险性与应对策略》一书。该书被比尔·盖茨强烈推荐，并引起了巨大的反响。他在书中说道：

> 如果有一天我们发明了**超越人类大脑一般智能的机器
> 大脑**，那么这种超级智能将会非常强大。并且，正如现在
> 大猩猩的命运更多地取决于人类而不是它们自身一样，**人
> 类的命运将取决于超级智能机器的行为**。⁽¹⁸⁾

也就是说，当"技术奇点"到来时，会出现超越人类大脑一般智能的"超级智能"机器。这一预测看似是荒唐滑稽的空想，但是，只要我们回顾人工智能的发展历程就会发现，它并不见得是个错误。

人工智能在 19 世纪 50 年代刚被开发出来的时候，在围棋比赛中甚至连外行人的水平都不如，现在已经可以打败世界级选手了。相信大家对谷歌所开发的人工智能程序阿尔法围棋的惊艳表现依然记忆犹新。另外，无人驾驶汽车已经可以在一般道路上安全行驶，据说，实验中所发生的交通事故，几乎都是由于人类的干涉造成的。看到这些技术的进步，即便不是库兹韦尔，也会发出"技术奇点正在临近"的感慨。

但是，如果真如波斯特洛姆所说，人工智能超过了人类智慧，那么人类将会陷入什么样的危机（威胁）呢？

人类的工作被机器人所取代

最近出现了一个被广泛热议的话题：作为对人类的威胁之一，人工智能或者带有人工智能技术的机器人正在抢走人类的饭碗。针对这个问题，2013 年，牛津大学两位研究人员——卡尔·贝内迪克特·弗雷（Carl Benedikt Frey）和迈克尔·A. 奥斯本（Michael A. Osborne）发表了论文《就业的未来：工作受计算机化的影响有多大？》。他们

以美国劳动部的数据为基础，对 702 种职业实现计算机化的可能性以及之后可能出现的变化进行了分析：

> 在这篇论文中，我们提出了一个问题，即借助计算机现代技术的发展，有多少工作将实现计算机化。为了回答这个问题，我们采用了一种新方法来评估这 702 种职业实现计算机化的可能性，再根据评估结果，探讨未来的计算机化将会在多大程度上影响劳动市场……最后评估结果显示，**美国有高达 47% 的职业都有很高的风险被计算机取代**。这些工作将会在比较短的时间内，恐怕也就是 10 年或 20 年之内，实现全自动化。[19]

"47% 的职业都有很高的风险被计算机取代。" 听到这句话，大家恐怕会大吃一惊。弗雷和奥斯本是根据近来的大数据资料、人工智能的进展以及机器人技术的发展测算出的这个数字。

从历史上看，这并非是第一次出现"技术性失业"的观点。比如，19 世纪初期，英国工业革命兴起，"机械化"的发展导致了大批工人的失业。当时的情况可以参考马克思*在《资本论》中的阐述：

> 劳动资料一作为机器出现，就立刻成了工人本身的竞争者。资本借助机器进行的自行增殖，同生存条件被机器破坏的工人的人数成正比。资本主义生产的整个体系，是建立在工人把自己的劳动力当作商品出卖的基础上的……一旦工具由机器来操纵，劳动力的交换价值就随同它的使用价值一起消失。工人就像停止流通的纸币一样卖不出去。[20]

只是过去被机器取代的工作都是日常例行的工作，而现在所预测的失业职种，甚至波及公司的白领、医生、护士和教师等与脑力劳动相关的工作。过去只是引入机器从事单纯的体力劳动，一些复杂的只有人类才能够完成的工作是无法被取代的。但很快，这类工作也将因计算机化而消失。

马丁·福特*在《隧道中的灯光》（2009年）一书中也探讨了这个问题，他对经济学家所提出的"卢德谬论"进行了批判。这个概念来源于1811年发生的"捣毁机器运动"（卢德运动*）是错误的这一观点。也就是说，机械化的发展不会引发经济整体层面上的组织性失业。但据福特认为，这个概念（卢德谬论）在过去可能是正确的，但是在迎来"技术奇点"之后，是否还是正确的，就不好说了。

被人工智能所"启蒙"的人类？

人工智能被视为威胁，根本原因是它可能会脱离人类的控制，实现"自立、自主"。最初的人工智能，需要人类提前设定执行规则与推导过程，输入知识。因此，一旦遇到超出既定规则或知识的情况时，它就无法顺利应对了。然而，从20世纪末开始，大数

卡尔·马克思
（Karl Marx）
19世纪的德国哲学家、思想家、经济学家和革命家。其著作《资本论》给20世纪以后的国际政治及思想带来了深远影响。

马丁·福特
（Mortin Ford）
未来学家，在创建软件开发公司的同时，也研究技术对社会的影响。

卢德运动
（Luddite）
发生在19世纪初英国工业革命时期，以纺织工业为中心的工匠或劳工损毁破坏机器的运动。

据不断积累，以此为基础开发出来的人工智能实现了"机器学习"或"深度学习"，可以自动进化。

严格来说，"人工智能能够自主学习"的说法目前还有待商榷，但是正在向这个方向发展几乎已经达成共识。2014 年，霍金博士就曾在 BBC 上说过一段话，直截了当地表达了他的担忧：

> 有一天或许将出现能够自动进化的人工智能，它会以迅雷不及掩耳之势进行自我改造。而人类因受限于生物进化迟缓的速度，肯定无法与之抗衡，总有一天会被超越。

"物联网"（Internet of Things）作为未来技术发展的趋势，正在迅猛发展之中。它不需要人为因素介入，而是直接在物与物之间建立通信并引发行为。

比如，自动驾驶的汽车不需要经过人类，通过定位系统、雷达或摄像头等设备就能直接获得需要的信息。类似的"物联网"技术也正在一点点地渗透家用电器领域。我们可以把这种变化称为"新产业革命"，而这场革命与"自主型人工智能"密不可分。

那么，"自主型人工智能"究竟会走向哪里呢？我们可以从阿道尔诺*和霍克海默*提出的"启蒙辩证法"（1947 年）中得到一些提示。他们在第二次世界大战期间流亡到美国，并在那里撰写了《启蒙辩证法》一书，就近代社会的未来，提出了以下疑问：

> 人类没有进入真正的人性状态，反而深深地陷入了野蛮状态，其原因究竟何在。 (21)

一般来说，"启蒙"这个词指的是把人类从愚昧无知的迷信中解放出来，使其具备合乎常理的理性。近代科学、市民社会和资本主义经济等概念，都是由"启蒙"衍生出来的。但是，据阿道尔诺和霍克海默所言，这种理性的"启蒙"，最终会演变为对自我的否定，**转化为"反启蒙"的神话或暴力**，例如纳粹主义等。

我们思考人工智能的未来时，可以把像这样的由"启蒙"向"反启蒙"转化的辩证法作为样本。人工智能的目标是为了拥有像人一样的智慧，如今，它不仅能够像人类一样进行"自主学习"，还有可能远远超越"人类的智慧"。当人工智能脱离人类的掌控，实现独立自主，机器之间能够进行沟通时，也许就有可能出现人工智能和人类对立的情形。艾萨克·阿西莫夫（Isaac Asimov）的小说《我，机器人》（1950 年）中提出的"机器人三大法则"虽然应用于科幻小说世界，但是在现实世界的未来中，似乎也有必要对其进行探讨。这里，我们把三大法则列举如下：

一、机器人不得伤害人类，
或因不作为而使人类受到伤害。

西奥多·阿道尔诺
（Theodor Adorno）
20 世纪的德国哲学家，与晚一辈的尤尔根·哈贝马斯等人同为法兰克福学派的代表思想家。

马克斯·霍克海默
（Max Horkheimer）
20 世纪的德国哲学家，法兰克福学派的代表人物，因与阿道尔诺合著了《启蒙辩证法》而广为人知。

二、除非违背第一法则，机器人必须服从人类的命令。

三、在不违背第一及第二法则的情况下，机器人必须保护自己。[22]

Surveillance Society：Monitoring Everyday Life / 监控社会：对日常生活的监视

David Lyon / [英] 大卫·莱昂 著

Open University Press / 开放大学出版社 2001 年 2 月

加拿大社会学家莱昂在出版本书之后，以专门研究"监控社会论"而闻名。由于数字技术的发展，过去的"监控社会论"有了根本上的改变。在本书的最后，莱昂结合具体情况的变化提出了新的"监控社会论"。

Mobile Understanding：The Epistemology of Ubiquitous Communication / 移动认知：普遍交流的认识论

Kristóf Nyíri / [匈牙利] 克里斯托夫·尼耶利 编

Passagen Verlag / 拱廊出版社 2006 年 4 月

该书已出版 10 多年，在 iPhone 尚未上市的年代就对"移动通讯"展开了分析研究，十分具有前瞻性。书中收录了费拉里斯的论文《你在哪里？移动本体》（*Where Are You？Mobile Ontology*），能从中发现"记录性"概念的萌芽。

代码 2.0（Code：version 2.0）

[美] 劳伦斯·莱斯格 著；李旭、沈伟伟 译

清华大学出版社 2018 年 10 月

该书是结合时代变化，对 1999 年出版的《代码：塑造网络空间的法律》（*Code and Other Laws of Cyberspace*）进行修订的版本。在网络空间中应如何理解自由与规则？想要理解现代信息社会的存在方式，莱斯格系列著作是必读书。

　　说起监视社会论，过去常以奥威尔的小说《1984》为样本，让人联想起历史上的纳粹或斯大林时代。而随着数字技术普及，监视方式完全发生了改变，由过去"老大哥"式监视转变为"小弟弟""小妹妹"式监视。莱昂的监视社会论是基于这一变化而形成的。监视方式发生变化会对社会造成什么影响？英国社会学家乔克·杨在《排除社会——社会排斥、犯罪和后期差异》（*The Exclusive Society: Social Exclusion, Crime and Difference in Late Modernity*）中描写了这一变化。除监视社会论外，在探讨数字时代的人类本质时，建议大家阅读霍夫施塔特和丹尼特编著的《心我论：对自我和灵魂的奇思冥想》（上海译文出版社，1999 年）。该书收录了图灵的论文《计算机与智能》，强烈推荐大家阅读。随着今后数字技术的发展，人工智能与人类的关系会变得越来越重要，关于未来的变化，可通过波斯特洛姆的《超级智能：路线图、危险性与应对策略》先行了解。

第三章

生物技术将会
把人类带向何处？

"后人类"
诞生的道路

人类基因组编辑意味着什么?

本章我们探讨的是现代生物技术的发展将把人类带向何处。自
19 世纪 50 年代沃森和克里克发现了"DNA 双螺旋结构"*以来,生
命科学和基因工程学取得了飞速发展。现在,即便是自然界不存在
的生物也能够通过人工研制出来了,这说明,**生物技术革命**的时代
已经到来。

迄今为止,生物技术的应用对象都是人类以外的生物,不论是基
因重组还是动物克隆,基本上都是以人类以外的生物为对象。人类被
排除在外,但为了人类,我们通过其他物种来试验基因工程。那么这
种生物技术应用到人类身上时,会发生什么呢?

毋庸赘述,人类也是生物的一种,归属于哺乳类,因此从原理上说,
基因操作对人类也应该是有效的。19 世纪 70 年代,"试管婴儿"*诞生,
生物技术对受精卵的改造得以实现。20 世纪末, "人类基因组计划"*
开始实施,并于 21 世纪初先于计划时间完成。如今,人类的 DNA 信
息已经完全被破译,这意味着,基因操作应用于人类已指日可待。

比如,在《够了,在工程时代保持人性》一书中,科学记者比尔·麦
吉本(Bill Mckibben)就现状写道:

> 尝试基因操作的研究者开始实验时的对象是受精后一周

左右的初期胚胎。胚胎在分裂成一个一个的细胞后，他们挑选出其中之一，对其基因进行增加、去除或者修正，有时还会在除去细胞核的卵子内插入含有预设基因的人工染色体，再把形成的新胚胎移植入女性体内。如果一切按照计划推进，这个胚胎最后就会成长为一个基因操作下的孩子。

从上面的叙述看，基因操作似乎十分简单，实际上在麦吉本的书出版之时，这并非易事。直到最近，由于"基因组编辑"技术的发展，基因组重组才开始比较容易实施。

2015 年，中国发表了对人类受精卵进

DNA 双螺旋结构
DNA 在活细胞中组成的立体结构，由沃森和克里克首次提出。

试管婴儿
体外受精技术在人类临床中的应用，指将取出的卵子和精子置于试管内使其受精，并将发育的胚胎移回子宫内发育而诞生的婴儿。

人类基因组计划
一项规模宏大，跨国跨学科的科学探索工程。其宗旨在于测定组成人类染色体（指单倍体）中所包含的 30 亿个碱基对组成的核苷酸序列，从而绘制人类基因组图谱，并且辨识其载有的基因及其序列，达到破译人类遗传信息的最终目的。

生物技术的进化

| 20世纪50年代 | DNA双螺旋结构、生命科学 |

↓

| 20世纪70年代 | 试管婴儿诞生、基因工程 |

↓

| 20世纪90年代 | 人类基因组计划、体细胞克隆牛诞生 |

行"基因编辑"的报告。从科技发展的角度而言，这个事情并不意外，但这究竟意味着什么呢？这个技术会给我们带来什么影响，我们应该如何看待这样的发展呢？

关于人体改造的争议

现在的生物技术对人类来说究竟意味着什么，21 世纪初发生在美国的一场大讨论也许可以给我们一些启示。人类基因重组已经不是科幻世界的故事，它已成为现实生活中必须认真考虑的问题。

事情的开端是大约同时上市的两本著作。其中之一是政治学家弗兰西斯·福山（Francis Fukuyama）的《我们的后人类未来：生物科技革命的后果》（2002 年）。在这本书中，福山使用了"后人类"这一词语，就生物技术进行了如下的展望：

> 本书的目标是论证赫胥黎*是正确的，当前生物技术带来的最显著的威胁在于，它有可能改变人性并因此将我们领进历史的"后人类"阶段。我会证明，这是重要的，因为人性的保留是一个有深远意义的概念，为我们作为物种的经验提供了稳定的延续性。[1]

在这里，福山提出的论据并不是很清晰明了，对人类的基因重组为什么不好这个问题并没有论述清楚。但是，他把生物技术的未来称为"后人类"，我认为是十分恰当的。福山虽然反对"后人类"，主张维护人类的尊严，但遗憾的是他的论证并不充分，因此出现与他相反的意见，认为基因重组有益于人类改良的看法也很正常。

格雷戈里·斯多克*就持有这种观点。几乎与福山著作出版的同时，他出版了《重新设计人类：我们不可避免的基因未来》（2002 年）。斯多克对生物技术的态度与福山是完全不同的。斯多克认为应该积极利用生物技术的成果，主张如果能够解决"费用、安全性、有效性"等问题，应该赞成人类基因重组。

这场争论之所以重要，并不是因为福山与斯多克观点的对立，而在于两人相同的认知。斯多克和福山一样，认为现代生物技术可能导致"后人类"的出现。比如，下面这段选自斯多克所写文章的内容，可以帮助我们确实地了解现代的情况：

> 虽然智人并不是灵长类动物进化的终结，但可以肯定的是，目前正处于生物学显著变化的尖端，超越现有的形态与性质，朝着新的想象中的目的地出发的人，仍然是极少数……我们最终走向了那条让我们消失的路，并非因为人类的失败，而是那条路很有可能正是由于人类的成功才开辟出来。人类通过逐渐改变自己的外观和容貌，也许能够

阿道司·赫胥黎
（Aldous Huxley）
作家，一方面创作小说，另一方面研究人类对神灵存在的认识。

格雷戈里·斯多克
（Gregory Stock）
曾在加利福尼亚大学洛杉矶分校医学院担任科学、技术和社会专业的负责人。

使我们的子孙慢慢变成与现代人类不同的样子，甚至可能都**没法再被称为人类**……智人将通过这种快速进化创造出自己的后代。⁽²⁾

还有一点补充说明：我们可能需要注意生殖系统的基因改变，具体来说就是对受精卵实行基因操作，被改变的基因会向下一代遗传，连续几代出现这样的改变以后，将诞生出完全不同的生物（后人类）。

生物技术使优生学死灰复燃？

有人担心，现在这种对人类生命进行人为操作的行为是不是优生学（eugenics）死灰复燃了。优生学是查尔斯·达尔文[*]的表弟，弗朗西斯·高尔顿在 19 世纪后半叶提出的，其定义为"一种通过**改良生物的遗传构造**来促进人类进步的科学的**社会改良运动**"。不过，它到底是科学或政治主张或国家政策，并不是很清晰，有时也被称为优生主义或优生政策。

20 世纪，世界各国都曾实行优生政策，其中最为臭名昭著的是纳粹德国的优生主义。纳粹德国以种族卫生学的名义，打着"德意志民族品种改良"的旗号，将不合格的人关押进强制收容所进行隔离、绝育、杀害等等，罪行众所周知。即便到了现在，都还有人坚决反对优生学，仅仅是听到这个词，就仿佛唤醒了纳粹时代的噩梦。

因为有过这样的经历，所以在 20 世纪后半叶，生物技术不断发展并打算应用于人类身上，这曾一度被视为是优生学的死灰复燃，并受到了强烈批判。但是，今天的生物技术会和纳粹式的优生学一样吗？事情并不这么单纯。读一读美国生物伦理学家阿瑟·卡普兰[*]等所写的论文《优生学有什么是不道德的？》，应该就能明白了。

首先，我们来确认一下"纳粹式优生学"与现代的"优生学"有哪些不同之处。纳粹式优生学是以国家或组织为主体，对个人的生命进行强制性介入，会发生违背个人意志，对个人实施隔离、绝育，甚至杀害的行为。现代生物技术中并不存在这种国家强制性要素，要孕育出什么样的孩子完全由父母自行决定。因此，现代的"优生学"也被称为自由主义的优生学。

每个个体都能自由选择自己的生活方式是现代社会的基本要求。与谁结婚，孕育什么样的孩子，如何教育孩子等，这些都是基于个人的自由选择。抛开是不是纳粹式优生学不谈，我们来看一看现代的生活方式，似乎找不出什么理由来反对自由主义的优生学。

以孩子的教育问题为例，在现代，为了孩子的教育去选择一个好学校不足为奇。从幼儿园（甚至更早？）开始到大学，很多父母为了孩子的将来会尽可能选择一个有利的环境，而基本上没有人会去指责他们这种做法。

既然如此，为了让孩子的人生更有利，父母改良孩子的遗传基因又何错之有？改良孩子的基因，难道不能算是对他们的早期教

查尔斯·达尔文
（Charles Darwin）
19世纪英国自然科学家，提倡进化论。

阿瑟·卡普兰
（Arthur Caplan）
生物伦理学家，也是宾夕法尼亚大学生命伦理学中心主任。

育（基因工程学教育）吗？只不过是把孩子早期教育的时间提前了一点而已。

总之，由于现代的自由主义优生学完全不同于国家强制的优生学，我们大可不必因为一个名称唤起了对纳粹德国的记忆而一味地进行反对。

接受"超人类主义"

现代的生物技术不像过去的"纳粹式优生学"那样用国家强制措施对个人生育及生命加以干涉。这样的话，我们还要反对现代的自由主义优生学吗？对此，牛津大学的哲学家尼克·波斯特洛姆曾说：

> 对以改变人类本质为目的的生物技术，生物保守派一般来说是持反对态度的……生物保守主义的核心观点是人类能力的增强与生物技术的使用是对人类尊严的一种亵渎。[3]

这里所说的生物保守派，指的是那些反对现代生物技术向后人类发展的观点，其典型就是弗兰西斯·福山的论点。福山基于"人类的尊严"概念，主张对生物技术进行规范和制约。他认为人类是有尊严的，所以人类的基因不能被改变。

但是，增强、提升人类的能力（身体的能力、精神的能力）为什么会侵犯"人类的尊严"呢？超越当前人类的能力，难道不是我们应该努力的方向吗？从这个角度出发，波斯特洛姆提出了"超人类主义"（Transhumanism）：

根据超人类主义的主张，现在的人类本质是可以通过应用科学和其他合理的方法进行改良的。这样就可以延长人类的寿命，提高我们的智力，增强我们的体力，让我们对心理状态和情绪的控制得到加强。[4]

如果接受"超人类主义"，认可对人类能力进行增强与提升，那么我们就能到达后人类的阶段，而据波斯特洛姆所言，现代正是出发点。目前，除了波斯特洛姆，"超人类主义"还有很多支持者，因此出版了《人类增强论文集》（2009 年）和《超人类主义读本》（2013年）等著作。

尼克·波斯特洛姆（1973— ）

在瑞典出生的哲学家，牛津大学教授，支持以科学技术发展为基础，对人类进行生物与技术性的改造。1996 年成立了"世界超人类协会"，2005 年就任牛津大学人类未来研究所所长，对科学技术和人类未来提出积极乐观的主张。

克隆人与我们拥有同等的权利吗？

有关克隆人的误解

接下来看一看 20 世纪末在全世界引起了轰动的克隆技术。克隆其实包含各种各样的技术，例如受精卵克隆，就是过去研制出的一种技术。1996 年，世界上首例体细胞克隆动物克隆羊的诞生（1997 年公开），为我们打开了一扇新的大门。

克隆羊"多莉"诞生后，克隆人很快成为全球热议的话题，甚至有些性质不明的团体还纷纷传出了克隆人诞生的谣言。但是在那之后，由于不少国家颁发了禁令，克隆技术应用于人类的试验在很长一段时间里陷入了停滞。不过，虽说禁止了，问题却并没有解决，甚至连被禁止本身都是存疑的。从多莉诞生到现在大约 20 年过去了，对克隆人是非对错的探讨也该重启了。

首先，我们必须注意到一个问题，那就是打从一开始克隆人就是被大众误解的。比如，当被问到对研制克隆人的态度时，大多数人的反应就跟听到要研制妖魔鬼怪一样。

之所以出现这种反应，主要是受了 19 世纪 30 年代赫胥黎的小说《美丽新世界》中描述的克隆人（可能称为复制人更恰当）的影响。但实际上，从现代克隆技术来看，小说中的描写可以说完全是个误解。

克隆人其实并不是指像复制那样造出一模一样的人类（复制人）。所谓体细胞克隆，指的是把未受精卵子的细胞核去除掉，然后并不和精子结合，而是把从某人（Ａ）体内取出的细胞核植入其中的技术。

这样一来，克隆人便会继承某人（Ａ）的遗传基因。不过，植入某人（Ａ）细胞核的卵子（克隆胚胎）仍然要放回女性的子宫中，然后经历正常的怀孕分娩过程。因此，仅看所诞生的婴儿外表，是不能区分出是不是克隆人的。这种克隆人更像是与 Ａ 年龄不同的"同卵双胞胎"。

理查德·道金斯
（Richard Dawkins）
生于 1941 年，英国演化生物学家、动物行为学家，主要著作有《自私的基因》等。

克隆的过程

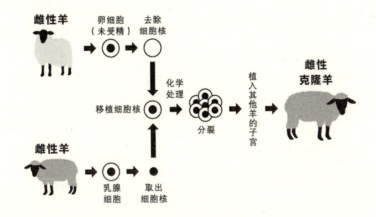

雌性羊　卵细胞（未受精）　去除细胞核

化学处理

移植细胞核　　分裂　　植入其他羊的子宫　　雌性克隆羊

雌性羊　乳腺细胞　取出细胞核

因此，科学家理查德·道金斯[*]针对"体细胞克隆羊"诞生的报道，除了提出"无法回答科学与伦理孰善孰恶"的观点，还在更早之前说了下面这段话：

针对克隆羊，社会上的反应

各不相同。克林顿总统曾说过，这种行为将不会被人类所允许……但是，克隆真的如此令人讨厌，甚至连可能性都不能考虑一下吗？……虽然就像和达尔文当年发表进化论时一样，需要拿出等同于杀人后自首的勇气，我也想尝试一下克隆技术。[5]

道金斯在指出"同卵双胞胎是克隆，拥有同样的基因"的基础上，还强调了一点，即"并没有人说同卵双胞胎是没有个性与人格的僵尸"。因此，克隆人如果只是年龄不同的"同卵双胞胎"，我们就没有理由去害怕或者禁止了。最后，道金斯的结论是：

> 如果我们期望一个民主、自由的世界，那么只要没有足够的理由去说服所有人，就不应该阻碍他人的诉求。克隆人也是如此，既然有人提出了诉求，那么对此表示反对的人士就有责任站出来，明确指出克隆将对谁带来什么样的危害。[6]

目前，克隆技术还不成熟。但是当它有一天变得安全又实用时，还会出现禁止使用的理由吗？

同卵双胞胎与克隆有什么不同？

克隆羊多莉诞生的新闻发布之后，全世界都呼吁要禁止克隆人，而亚拉巴马大学的生命伦理学教授格雷戈里•E.彭斯*却发表了《谁在担心人类克隆？》（1998 年），提出了所谓克隆人拥护论。他立论的根据，可以参考其另一著作《新生命伦理学》（2002 年）。

在该书收录的《请不要将克隆人定为犯罪》一文中，彭斯强调，相较于消除过去的偏见，"想要消除现在的偏见难度更大"。实际上，过去的一些偏见，例如种族歧视或性别歧视，如今经常遭到大众批判。

彭斯认为，"禁止克隆人"就是现在的一种偏见，但很多人却并没有意识到这一点。彭斯的说法如下：

> 人们对通过克隆技术制造人类这个论题的意见充满了偏见，却没有人就此提出反对意见。[7]

说起禁止克隆人的时候，我们的例证往往是"（大多数）美国人都对人类克隆技术十分担心"，或者是"（几乎所有人）都认为克隆人是不好的"。

但是彭斯认为，这个态度是一种"从众所导致的舆论错误"。因为多数人的观点不一定就是正确的，反而常常可能是一种偏见，所以我们不能盲目认为基于多数人观点所得出的结论就一定是正确的。

回顾一下 19 世纪 70 年代试管婴儿诞生时的情形，就能理解上面的说法了。30 年前，很多人都对试管婴儿感到十分恐惧，但现在，

格雷戈里·E. 彭斯
（Gregory E. Pence）
亚拉巴马大学教授，在整理生命伦理学历史的同时，也进行具体案例的研究。

它已经成为一种普通的生育方式。

实际上，日本试管婴儿的出生比例正在不断上升，据说现在每30人中就有1人是试管婴儿。因此，现在已经逐渐不再使用"试管婴儿"这个说法了。同样，如果通过克隆技术诞生的孩子越来越多，那么"克隆人"这种说法也可能会慢慢消失。

在学术层面也有对克隆人的反对意见，认为"由克隆技术诞生的新生儿只是原型的复制，并不是独一无二的，将会有损于人类的尊严"。但这种说辞有一个前提，即拥有独特染色体的人类才具备道德价值。如果这个前提成立，那么同卵双胞胎是不是也有失道德价值？

另外，还有人批判说，通过克隆技术出生的孩子如果知道了自己的身世秘密，岂不是产生心灵创伤。但是彭斯认为这种批判偏离了主题，他认为是父母自主选择了理想的基因来孕育孩子，所以孩子并不会受到伤害。

相反，在某些情况下，我们甚至希望通过克隆技术来生育下一代。比如，如果双亲都有遗传性疾病，结合了双亲基因的孩子就有可能罹患重病。彭斯以泰伊－萨克斯二氏病为例对此进行了阐释。

带有泰伊－萨克斯二氏病遗传基因的父母虽然不会发病，但是两人的基因结合却会导致严重的病症，这时，只要转录其中一方的基因类型进行复制，就可以消除病症的影响。因此，为了避免遗传泰伊－萨克斯二氏病，对克隆基因技术就不能一味地禁止，而应该适当地鼓励应用。

进一步来说，罹患无精子症的男性或罹患子宫内膜异位症的女性也可以通过克隆技术拥有继承自己遗传基因的孩子。如果禁止了克隆人，他们就无法拥有跟自己有生物学关系的孩子了。这样的事情，难道不值得大家忧虑吗？因此，彭斯教授提出了质问：为什么一定要禁止克隆人呢？

克隆人的哲学问题

这里，我们积极地探究一下支持禁止克隆人的依据。在"体细胞克隆羊"的消息遍及全球后，德国哲学家尤尔根·哈贝马斯很快在《时代周报》上发表了有关克隆人的文章。

随后，他又于2001年公开发表了《人类的未来》一文，强烈主张对人类的基因操作及优生学项目加以管控。我们可以以此为参考，来探讨克隆人是不是可行。

按哈贝马斯所言，对"制作克隆人真的好吗？"这个问题不能仅从生物学的角度做出判断，还必须以"规范性"为基础来进行讨论。当时，哈贝马斯设想的是"基于平等自律的全体公民相互尊重的平等主义法治原则"。

如果我们从这个原则出发来思考的话，克隆人会有什么问题呢？哈贝马斯对克隆人的特征描述如下：

> 人为地决定基因内容，对克隆人来说，意味着在他们诞生以前由他人对其基因所下的判断，将会持续影响他们的一生。[8]

与一般的亲子关系相比，克隆人真的有很大不同吗？从继承的遗传基因将会持续影响一生这个方面来看，一般的亲子关系与克隆人并没什么不同。而且，即使出生时是克隆人，也同样可以在长大后离开父母自立，走上自己的人生道路。克隆人绝不是奴隶。那么，克隆人的问题到底出在哪儿呢？

对于克隆人来说，被赋予的生命并不是来自于偶然，而是有意识行为的结果。对一般人来说属于偶然的事，对克隆人来说却是归属于他人的责任。对于有意图地介入禁止使用的领域所产生的责任归属，应该从道德与法律上做出明确界定。(9)

一般的亲子关系中，孩子继承父母的遗传基因是一个偶然的结果，但是克隆人所继承的基因却从一开始就由他人决定了。也就是说，哈贝马斯认为，"他人的干预"是决定性的重要因素。这就类似于"设计者与产品"的关系中，"人际关系的对等性条件"不能成立。但是这之中会出现什么问题呢？

哈贝马斯在《人类的未来》中，对包含克隆人在内的所有对人类进行的基因操作表示了强烈的反对。其论据如下：

当偶然性的物种进化成为基因工程可能介入的领域时，我们将必须担负起这个行为的责任。我们会发现，将难以界定原本在我们生活中可以明确区分的人造或者自然生成的分类。(10)

自亚里士多德以来，"技术制造"的事物同"自然生成"的事物一直是"不言自明的对立存在"。但是现代生物技术却使这种能够从直观就区分开来的差别越来越不清晰。据哈贝马斯所言，这种混乱"最终将影响我们的人格中对自己的肉体存在所保有的自我关系"。

哈贝马斯关注的其实是汉娜·阿伦特*提出的"出生性"（natality）概念。它指的是人类从出生开始就是一个独属于自己的生命。哈贝马斯认为，克隆人就失去了这种"出生性"。

需要注意的是，哈贝马斯认为，现代生物技术改变了自亚里士多德以来的思维方式。自然与技术的"对立"在过去是不言自明的，现在却变得含混不清，难以分割。尤其是当人类成为技术的对象时，这种"难以分割"就有了不同的意义。

此前，技术的对象通常是人类以外的事物，但现在，生物技术却让人类成为技术的对象。也就是说，原本用来改变自然的技术也开始用于改变人类的自然（本质）了。

无论是赞成还是反对这种意见，我们都有必要对即将到来的现实有一个清晰的认知。克隆人的问题正是对现代历史问题的反映。

汉娜·阿伦特
（Hannah Arendt）
出生于德国的哲学家、思想家，著作有《人的条件》等。

尤尔根·哈贝马斯（1929— ）

德国哲学家，曾任法兰克福大学教授，可能是目前在世的哲学家中最有名的一位。他属于法兰克福学派第二代，对现代社会提出各种批判的观点，提倡"沟通行动理论"，支持近代的合理性，对法国和美国的后现代思想提出批判，并从 21 世纪前后开始，批判自然主义并寻求与宗教的对话。

第3节 借助再生医疗能否获得永生？

寿命革命已经开始

我们从另一个方面来看看对人类进行的生命操作。之前我们讨论的是有关于"诞生"的操作，接下来则看看与"死亡"有关的生物技术。

对人类来说，"衰老"是必然现象，"死亡"也是如此，这是作为生物（会死亡的物质）无法逃避的命运。正因如此，古今中外才会有那么多长生不老的故事流传。但是，近年来"寿命革命"被广泛讨论，有人开始讨论幻想中的"返老还童"，希望借助生物技术克服"衰老"和"死亡"。这样的期许最近有急速升温的迹象。

比如，雷·库兹韦尔曾在《奇点临近》（2005年）一书中所用的人类平均寿命表。

人类的平均寿命

	克罗马农人时代	18年
	古埃及	25年
1400年	欧洲	30年
1800年	欧洲与美国	37年
1900年	美国	48年
2002年	美国	78年

令人惊讶的是，表中显示，被视为生物性条件的寿命随着历史的发展竟然发生了巨大的变化。与200年前相比，现在人类的平均寿命是过去的两倍多了。当然，这与公共卫生和医学的进步不无关系，我们也无法就此断定除了"寿命的延长"还有没有"延缓衰老"。不过可以肯定的是，人类的平均寿命的确正在不断延长。

最近，"寿命革命"被广泛讨论，人类的平均寿命达到100岁或许在不久的将来就会实现。库兹韦尔曾在其著作中做过这样的假设：

> 我们现在正在接近一种模式的转变，这意味着，我们将可以维持我们存在的基本形式。人类寿命本身的增长是稳定的，不久之后，它将会加速，这是因为我们正处于逆向设计生命与疾病内在信息处理的初期阶段。罗伯特·弗雷塔斯估计，如果排除特定的一半医学上可以预防的情况，那么将可以把人类的平均寿命延长至超过150岁。如果能够预防90%的医学问题，人类平均寿命将超过500岁。如果达到99%的话，我们可能就会超过1000岁。[11]

尽管我们并不清楚这个假设成立的可能性有多少，但就目前来看，人类平均寿命的延长已是多数科学家的共识。但是如果仅仅只是寿命延长，衰老的状态会一直持续下去的话，反而可能会是一种不幸。《格列佛游记》中就曾有一个片段描写了永生不死之人随着年龄的增长身体不断衰老，如同被诅咒一般。

不过，这种担心也许只是杞人忧天。剑桥大学遗传学专家奥布里·德·格雷*曾发布过一份报告，库兹韦尔如此评论：

奥布里·格雷将他的目标描述为"设计可忽略的衰老"——应该去阻止身体和大脑变得更脆弱、更容易生病，因为它会愈演愈烈。他解释说："所有用于研发'可忽略的衰老'的核心知识都已被我们所掌握，现在的主要工作是将它们拼合起来。"他相信，我们将论证一种"完全变年轻的"老鼠——一种在机能上比试验之前更年轻的老鼠，寿命得到延长由此被证明——他指出，在十年内这些成就将会对公众舆论造成巨大的影响。[12]

据说现在已经有了实现动物返老还童的成功实验。2015 年播放的 NHK 特别节目《下一个世界 我们的未来》提到，哈佛大学医学院教授大卫·辛克莱尔（David Sinclai）曾发表报告称，给出生 22 个月的老鼠（相当于人类 60 岁）喂食某些物质，一周后其肌肉达到了出生 6 个月后（相当于人类 20 岁）的水平。如果这是真的，幻想中的"返老还童"在不久的将来或许真的能够实现。

不老不死就是幸福吗？

最早开始研究不老不死技术的是莱昂·卡斯＊，他曾编写过《超越治疗》（2003 年）一书。这本书原本是由时任美国总统乔治·沃克·布什所成立的"生命伦理学委员会"的一份报告，桑德尔（政治哲学领域）、福山（政治学领域）、迈克尔·加扎尼加＊（脑科学领域）等人参与了编写。从参与编写成员名单可以看出来，委员会具有浓重的保守色彩，这也是成员们对不老不死这个论题的立场。

对这个论题支持与否姑且另当别论，这本书确实有助于我们确认问题之所在。在书的第四章"不老之身"的引言部分，有如下一段叙述：

> 近几个世纪以来，克服衰老已经不仅仅局限于魔法故事或神话传说了，它也成为近代科学开创者所渴望实现的目标之一。他们为了提高人类的生存能力，把支配自然的可能性列入研究计划并进行探索，其中的核心问题就是延缓衰老与死亡。生物技术的发展与进步为接近这个目标提供了实质性的帮助，延续青春、延长生命成为我们探讨的主题，也是最近才开始的事情。[13]

近代科学目标中的"克服衰老"现下正在逐渐实现，甚至可以说，不老之身已经不再是天方夜谭，而是一个具有科学根据的现实。从某种意义上讲，这可以算是人类史上的重大发现了。现代生物技术逐渐让我们有能力主动去改变大自然所赋予我们的生物性条件，不老之身就是其中之一。

面对即将到来的现实，我们应该如何应对呢？《超越治疗》一书中，虽然从个人层

奥布里·德·格雷
（Aubrey De Grey）
生于 1963 年，作家，剑桥大学研究员，主要研究生命的延长。

莱昂·卡斯
（Leon Kass）
生于 1939 年，美国总统生命伦理学委员会主席。他基于基督教的观点，对生命科学应用于人类感到忧虑，主张对其从伦理上进行约束与规制。

迈克尔·加扎尼加
（Michael S. Gazzaniga）
生于 1939 年，美国心理学家，认知神经科学领域的领军人物。

面与社会层面分别列出了相应的问题，但由于没有充分的论据，仅对不老不死的生物技术表明了否定的态度，相当于只申明了信仰立场，却没有展开具有说服力的论证。但即便如此，它作为美国总统任命的生命伦理学委员会提交的报告，影响力仍不可小觑。

延缓衰老与延长生命的是是非非

库兹韦尔所介绍的英国科学家德·格雷在 2007 年出版了《终结衰老》一书，正面回击了以卡斯为代表的生物保守派的观点。他科学地阐明了人类的衰老并不是不可改变的命运，重返年轻是有可能实现的，还把生物保守派在论文中提出的"衰老是一件好事"的言论称为"集体性催眠"并进行了强烈批判，认为应该尽快从这一看法中摆脱出来。

英国哲学家约翰·哈里斯*也非常赞成克服衰老与延长生命。他于 19 世纪 70 年代提出"生存乐透彩"*创新思维实验，受到了世界的广泛关注，又在 2007 年因出版《加强进化：改良人类的伦理根据》一书再次成为焦点。在该书中，哈里斯以通过生物技术来增强能力为主题展开论述，并表达了强烈支持该论题的立场。

其中有一章就"不死性"展开了论述，其中对现状叙述如下：

> 在科学与哲学的认真讨论之中，对生命延长治疗持乐观态度的言论逐渐增加……如果我们能够避开衰老的过程，那么就会像李·希尔佛所说的那样，"不死性将会写入人类的基因"。[14]

为了表示对这种说法的支持，哈里斯对反对派提出的论点逐一进行了批判与探讨，具体包括以下 5 个论点：①不公平性；②枯燥乏味的人生；③人格同一性的缺乏；④人口过剩；⑤保持健康的费用更高。这些论点是以《超越治疗》为代表，反对不老不死观点最常见的言论。在对这些论点分别加以反驳的基础上，哈里斯对延迟衰老和延长生命表明了大力支持的态度。但是，关于理由，哈里斯的阐述极其简洁：

> 我们在挽救生命的时候其实就是在推迟死亡。这样的话，延长生命的治疗就是挽救生命的治疗，而我们必须经常挽救生命……只要生命还具有必须被认可的性质，在道德上我们就有必须去挽救生命的使命。

"生命还具有必须被认可的性质"，指的是一个年轻且具有生活能力的生命，无论这个生命有没有必须被挽救的原因，我们都必须设法延长。如果已经具备了可以实现这个目的的科技，那么我们有什么必要去反对呢？哈里斯的论辩就像他本人的认识那样十

约翰·哈里斯
（John Harris）
生于 1945 年，哲学家，应用伦理学家，曼彻斯特大学教授，通过卓越的思维实验来提出尖锐的问题。

生存乐透彩
器官移植彩票。就"如果杀人能救助更多的人，可以杀人吗？"这一命题设计的思维实验。

分乐观，而这种直截了当的表达方式反而显得强劲有力。将来或许会产生问题，但因现有的不确定因素就限制展开进一步研究，可能并非明智之举。

第4节 易犯罪者理应被提前隔离吗？

让犯罪者服用"道德药片"真的好吗？

2011 年 10 月，在中国广东省佛山市发生了一起令人心痛的事故。一名两岁的小女孩被汽车撞倒碾压，司机逃逸，之后又被另一辆车碾压，其间多名路过的行人对重伤无法动弹的小女孩视而不见。最后，小姑娘虽被救起送往医院，但抢救无效离开了人世。这个事件发生后，在中国及世界范围内引发了大反思。

澳大利亚籍普林斯顿大学教授彼得·辛格就该事件在《纽约时报》上发表了一篇文章，其中说道：

> 通过脑科学的研究，我们已经可以了解乐于助人的有道德的人与见死不救的无道德的人的大脑在生物化学方面的差异。这项研究继续下去，最终的结局将会是研制道德药片（使人更愿意帮助他人的药片）。这样一来，除了让犯罪分子去坐牢外，我们可能又多了一个选择，那就是让他们服用道德药片。而政府还可以通过检查国民的大脑，找出那些可能犯罪的人，并建议他们服用道德药片。如果他们对此表示拒绝，或许我们可以在他们身上安装定位系统，以便随时掌握他们的行踪。[15]

乍一看，这段文字似乎脱离了现实，颇有些科幻小说的感觉，甚至令人产生疑问。比如：真的能够研制出"道德药片"吗？通过对大脑的检查，真的能分辨出犯罪分子（或潜在犯罪分子）与非犯罪分子吗？利用"道德药片"真的可以预防犯罪，甚至使人更具道德感吗？等等。但是，从辛格的这段文字，我们能够清楚地发现，对人类（大脑）的研究正在展开。

以上说法的立足点是，人类的善恶判断及直觉均由大脑控制，要改变人类的行为就必须改造人类的大脑。而20世纪末脑科学（神经科学）飞速发展，利用核磁共振成像（MRI）等脑部成像技术逐渐实现了对大脑功能的可视化为这一切提供了支持。过去的脑部研究始终无法直接观察到的隐藏在人类头颅之中的大脑，现在已经可以通过脑部成像技术看见了。

也因为如此，对一些在过去作为前提的想法与制度，现在有必要重新进行审视与探讨，近代社会普遍适用的范式可能也会随着脑科学研究的进展而变得不再适用。关于这一点，后续会做进一步探讨。

通过观察大脑就能够分辨出犯罪分子吗？

辛格在文章中提到，通过脑部检查就能够区分有道德之人与无道德之人，不过，这真的能实现吗？恐怕那时，辛格脑海中浮现的，是葡萄牙籍南加利福尼亚大学教授安东尼奥·达马西奥*所代表的脑科学研究吧。达马西奥在其畅销书《笛卡尔的错误——情绪、推理和人脑》（1994年）中提到了菲尼亚斯·盖奇，认为是他影响了大脑与行动关系理论的建立。这里，我们通过脑科学家迈克尔·加扎尼加的记述，来了解一下盖奇：

菲尼亚斯·盖奇是神经心理学发展史上最有名的患者之一。盖奇在铁路施工现场工作时，炸药突然爆炸，一根铁棍穿透了他的头颅。由于这场意外事故，盖奇的大脑前部受到了损伤。痊愈后的盖奇虽然表面上看起来一切正常，但是从前就认识他的人们却发现了一些变化，他们纷纷感叹"盖奇已经不是原来那个盖奇了"。事实上，盖奇的性格的确发生了巨大的变化，他变成了一个专横、冲动，违反各种社会规则与禁忌的怪人。[16]

安东尼奥·达马西奥
（Antonio Damasio）
生于1944年，哲学家、脑科学家，代表作有《笛卡尔的错误》。

达马西奥从盖奇遗留下来的头盖骨中，推断出了盖奇的大脑究竟是哪个部位受到了损伤，那是位于前额叶皮质中间部位下方的眼窝区域。现代研究发现，如果该部位受损，就会变得行为不受控制，无法遵守社会准则。另外，由于盖奇大脑中控制理性活动的部分没有受到损伤，他的智力似乎并没有受到什么影响。从此可知，**大脑中控制理性活动的区域与控制道德活动的区域是不同的。**

对这一问题，哈佛大学心理学家乔舒亚·格林运用有名的"电车难题"（The

Trolley Problem）进行了解释。格林在大学和研究生阶段学习的是哲学，现在从事的是脑科学与哲学、心理学跨领域的综合研究。虽然他在 2013 年才出版第一本著作《道德部落》，但在这之前就因运用功能性磁共振成像技术来解释"电车难题"的论文而被关注。

格林的电车难题

情景A　不作为造成5人死亡，
拉动拉杆变换轨道则造成1人死亡

情景B　不作为造成5人死亡，
将1人推下高架桥则仅造成该人死亡

所谓电车难题其实是一个基于两个假设情景的思想实验。情景 A：一辆刹车失灵的失控列车前方有 5 名工人，这时只要拉一下拉杆就可以变轨，让列车开到另一条轨道上去，但是另一条轨道上也有 1 名工人。情景 B：同样在一辆失控列车前方有 5 名工人，这时只要将铁轨上方高架桥上的一个胖子推下去，就可以拯救那 5 名工人。

多数情况下，实验得到的反馈都是相反的答案。情景 A 需要权衡的是"为了拯救 5 人而牺牲 1 人"；情形 B 拷问的是"该不该为了拯救 5 人而牺牲 1 人"。两种情形都是"死亡 5 人还是 1 人"的选择题，同样的人却可能给出不同的答案。对于为什么会出现这样的情况，长期以来争议不断，而格林运用脑部成像技术给出了一个解释。

按照格林的解释，A 情景下促使人做出判断的是大脑的背外侧前额叶（DLPFC），这个部位可以进行冷静而理性的思考（5 人 ＞ 1 人）；与此对应，B 情景下促使人做出判断的是大脑的腹内侧前额叶（VMPFC），这个部位主要与情绪和感性运作有关。是否应该将胖子推下高架桥的问题会因情绪作用受到影响，所以难以抉择；相反，如果像盖奇一样这个部位受到损伤的话，可能会毫不犹豫地将胖子推下去。也就是说，这证明了道德上的态度与脑部活动是有关联的。

近代刑罚制度已经失效了吗？

对于人的心理状态与行为模式，脑科学尚不能够完全解释清楚，即使是格林，也没想倡导脑决定论，目前关于大脑与犯罪之间关联性的详情几乎还是一片空白。不少研究者对通过脑部成像技术可以对人的心理状态与行为模式了解到什么程度提出了质疑。例如，美国法学家奥利佛·古德诺[*]与德国脑科学家普雷恩（Prehn）的论文《神经科学方法对法律和司法规范的判断作用》（2004年）就指出了这一点。该论文的结论如下：

> 用认知神经科学的方法进行规范性判断之研究的流行，是合乎时宜的。虽然这门学问尚处于复杂研究的初级阶段，但是已经取得了进步……对法律与司法规范从神经科学角度的研究，将会在很长的一段时间内处于初级阶段。[17]

不过，虽说尚处于初级阶段，却不能否认脑科学研究今后有可能对法律或道德产生决定性影响。**近代刑罚制度设定了一个前提，即人们普遍具有进行合理（理性）判断的能力。**因此，犯罪者的善恶判断能力就成为一个很重要的问题。而为了承担责任，犯罪者会被关进监狱，这也是为了让他们对自己的行为加以反省，矫正精神状态。

米歇尔·福柯在《规训与惩罚：监狱的诞生》一书中，论述了近代监狱制度形成的过程。其主要观点为，近代监狱制度是从绝对王权的残酷刑罚向以规训为目的的精神矫正刑罚的转变，而其前提是"个体具有理性判断能力"这个概念。但是，福柯自己也注意到，这样的近代刑罚制度存在不少漏洞。

即使被收押在监狱也不能保证犯罪者的精神能够得到矫正，而且每个人都"具有理性的判断能力"这一前提本身就有问题。责任能力的有无其实也是一个问题，它在刑罚当中真的能起作用吗？犯罪者究竟是为什么做出了犯罪的行为？犯罪者做出犯罪行为，有没有可能不是主动而是被迫的呢？

脑科学研究正是对近代刑罚制度的前提提出了质疑：个体是否真

的具有理性判断能力，可以自由掌控自己的行为？脑科学家甚至在思考，从犯罪者的角度来说，他们有没有可能因为脑回路方面的问题而做出犯罪行为？恶性犯罪和药物中毒者的大脑经常被用来作为例证。目前虽然还没有确实的证据，但是因为大脑的问题而引发犯罪的说法却已得到普遍认同。也许用"这个人犯罪是因为他的脑子有问题"来解释犯罪动机的日子很快会到来。

到那个时候，处罚方式必须有所改变，像现在这样把犯罪者关进监狱并不会让犯罪的原因产生任何改变，也就不会使其精神得到矫正。那么，有什么方法可以代替近代刑罚制度呢？探索这个问题的时机，现在是不是已经到来了呢？可以肯定的是，我们现在正处于近代刑罚制度即将谢幕的时刻。

奥利佛·古德诺
（Oliver Goodenough）
佛蒙特州法学院教授，研究数字技术、生物技术对法学的影响。

"人之终结"会发生在现代吗?

生物技术革命促使 "人" 走向终结

此前我们已经具体探讨了现代生物技术的发展状况,接下来,我想再次回到 "人" 这个概念。这是因为生物技术革命从根本上改变了我们之前对 "人" 的定义。

为了理解这一点,我想我们需要从法国哲学家米歇尔·福柯提出的 "人之死" 这一想法开始。在结构主义风行的 20 世纪 60 年代,福柯出版了《词与物——人文科学考古学》(1966 年),在这本书的最后,他宣告了 "人之终结":

> 诚如我们的思想之考古学所轻易表明的,人是近期的发明,并且正接近其终点。假如那些排列会像出现时那样消失,假如通过某个我们只能预感其可能性却不知其形式和希望的事件,那些排列翻倒了,就像 18 世纪末古典思想的基础所经历的那样——那么,人们就能恰当地打赌:人将被抹去,如同大海边沙地上的一张脸。[18]

这里所提到的 "人之终结" 虽然同福柯的名字一起为人所知,但是其内涵却并不太为人所理解。这里所说的其实并不是 "作为生物的人走向终结"。那么,福柯想说的到底是什么呢?

这个问题与《词与物》的副书名"人文科学考古学"有关。根据福柯的观点,"人"在18世纪末以前并不存在,而是诞生于18世纪末,人文科学也随之发源。福柯的观点源自康德哲学,简单来说,就是"以'人'为出发点来认识所有实际存在的领域"。对此,福柯论述如下:

> 我们的现代性的门槛并不处于人们想把客观方法应用于人的研究的那个时候,而是处在人们所说的人这个经验–先验对子被构建之日。我们看到那时出现了两种分析。[19]

从这段文字可以清楚地看到,福柯所说的"人",指的是在现代发端之时,由康德创造出的"人",即"人这个经验–先验对子"。福柯在其中强调的是,在"人"被构建出来的同时,现代历史开始,人类诸多科学也开始形成。

但是,福柯同时也认为,"人"正接近其终点。他从现代结构主义的诸多学问(精神分析学、文化人类学、语言学)中看到了征兆,因为这些学问"不仅可以在不涉及人的概念的前提下进行研究,甚至可以不经由人",即它们会消解人的概念。因此,福柯认为,始于18世纪末的"人"会在现代走向终点。

我们可以借用福柯的观点,将近代称为"人的时代",但是否像福柯一样将18世纪末作为近代的开端则是另一回事了。不过,对于近代是"人的时代",或者说是"以人为中心的时代"的说法,我们还是认可的,而这个"人的时代"在现代将走向终结。

"杀死上帝的人"将走向何方？

福柯的"人之终结"的观点，是以尼采的"上帝之死"思想为前提的。尼采在《查拉图斯特拉如是说》（1883—1885 年）中对"上帝之死"进行了论述，其原型在《快乐的科学》（1882 年）中是以"上帝已死"的形式出现的：

> 疯子。——你们是否听说有个疯子，他在大白天手提灯笼，跑到市场上，一个劲儿地呼喊："我找上帝！我找上帝！"……
>
> "上帝哪儿去了？让我们告诉你们吧！是我们把他杀了！是你们和我杀的！咱们大伙儿全是凶手！"[20]

福柯把尼采的"上帝之死"与近代的"人的时代"联结了起来，即通过"杀死上帝"开启"人的时代"。

福柯在《词与物》的结尾揭示了现代的"人之终结"，但遗憾的是，对现代历史之后的情形他没有展开论述。相对的，在高喊"上帝已死"的同时，尼采也对未来之彼方的"人"进行了阐述。在《查拉图斯特拉如是说》中，他这样说道：

> 我教你们何谓超人：人是应被超越的某种东西。你们为了超越自己，干过什么呢？……人是联结在动物与超人之间的一根绳索……人之所以伟大，乃在于他是桥梁而不是目的。[21]

虽然是因为"杀死上帝的人类"才开启了"近代"，尼采却主张应该超越这些"人类"。用他的话来说，就是我们必须走"超人"（超越人类）之路。尼采以预言者的身份反复强调这句话，可以说现代（对于尼采来说的现代）正是其开端。

"人文主义"的终结

福柯和尼采分别提出了"人之死"与"人的超越"，但是他们所设想的并不是"作为生物的人"，而是"作为概念的人"。从这一点来说，他们的思想是抽象的。然而，随着生物技术的发展，这样的思想开始被赋予现实色彩。20 世纪末，德国哲学家彼得·斯劳特戴克（Peter Sloterdijk）敏锐地察觉到了这种趋势，在一次演讲中，他这样说道：

> 人类逐渐可以在选择中越来越具有能动性，越来越处于主体地位……这是技术，也可以说是人类技术时代到来的征兆……在未来，人类灵活运用游戏规则，使人类技术的密码体系固定下来，将具有重要的意义。[22]

这段话很笼统，并没有明确地表示想要主张什么。但是，这个演讲是在"体细胞克隆羊"的新闻（1997 年）发布之后不久发表的，因此在德国引起了轰动。斯劳特戴克在演讲中借用了尼采"育种"的说法，认为"人类这种生物，不仅由内部对自己的同类进行育种操作，而且其他同类也是由前者孕育出来的"。这可以理解为对人类操纵遗传基因这一做法的肯定。

斯劳特戴克的演讲受到了以有"德国的良心"之誉的哈贝马斯为代表的思想家们的批判，引起了激烈的争论。哈贝马斯的观点在前面已经做了说明，这里只就斯劳特戴克演讲本身的意义进行阐释。斯劳特戴克的演讲其实是从历史的角度对生物技术问题进行的解读。

按照斯劳特戴克的说法，操纵"人类"遗传基因的现代，可以**被称为后人类主义时代**。这里，需要留心"人类主义"（humanism）这个词的含义。众所周知，自文艺复兴以来，人文科学指的是人文学科（humanities），而 humanism 指的是"人文主义"。也就是说，在文艺复兴之后的近代，humanism 既代表文献研究（人文科学），也代表以人类为中心的"人类主义"。斯劳特戴克宣称，这种近代的"人文主义＝人类主义"在现代正走向终结。接下来的这段话有点晦涩难懂，但表示出了他想传达的意思：

> 现代社会被定义为后文艺的、后书籍的，以至于后人文主义＝后人类主义，这一点很容易得到证明。可能有人会认为这些定义公式里面的前缀"后（post）"有点夸张，那么也可以把它替换为副词"marginal（边缘的，临界的）"。这样一来，我们的命题就变成了下面这种形式：现代大型社会的政治、文化融合，已经不再只是通过处于临界区域的文艺、书籍或人文主义媒介进行了。作为学校与教育模型的近代人文主义＝人类主义已经走向终结。[23]

我们不必拘泥于斯劳特戴克的表述方式，简单做个总结：在文艺复兴之后的近代社会，因印刷术而出现的书籍研究之"人文主义"以及以人类为中心的"人类主义"开始发展。然而到了现代，这种近代人文主义＝人类主义正逐渐走向终结。一方面，**基于书籍的"人文主义"因为信息通信技术的发展（信息技术革命）而逐渐消亡**；另一方面，"**人类主义**"也因为生命科学与基因工程的发展（生物技术革命）而即将终结。曾统治近代的书籍时代和人类时代，如今开始走向终点。

信息技术革命与生物技术革命的影响

| 文艺复兴 | 书籍、文献研究（人文主义）
以神为中心到以人为中心（人类主义） |

↓

| 近代 | "人类"时代 |

↓

| 现代 | 信息技术革命（后人文主义）
生物技术革命（后人文主义） |

彼得·斯劳特戴克（1947— ）

德国哲学家，卡尔斯鲁厄国立设计学院教授，因 1983 年出版的《犬儒理性批判》受到好评而为媒体关注。在深受法兰克福学派影响的德国，他倡导后现代主义，显得有些另类。在 20 世纪末的一次演讲中，他同哈贝马斯派对立，引发了持久而重大的思想论争。

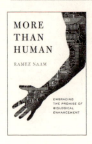

More than Human: Embracing the Promise of Biological Enhancement / 走向超人类：拥抱生物增强的希望

Ramez Naam / [美] 拉姆斯·纳姆 著

Broadway Books / 百老汇书局 2005 年 3 月

随着脑科学、遗传基因工程、IT 技术的发展，远超普通人类能力的"超人类"即将诞生。本书篇幅不长，但将视角投向不远的未来，从多方面详细论述未来哪些事情将成为可能。可以说这些内容是本章的前提，希望读者通读该书。

Unfit for the Future: The Need for Moral Enhancement / 非适用未来：道德提升的需要

I.Persson & J.Savulescu / [瑞典]I. 佩尔松、[澳]J. 萨乌莱斯 著

Oxford University Press / 牛津大学出版社 2014 年 9 月

该如何提升人类道德（Moral Enhancement）？如运用脑科学和生命科学可提升人类道德，是否应加以利用？虽与彼得·辛格的"道德建设"想法相同，相关论述也在欧美颇多，但本书可说是这类问题的入门书。

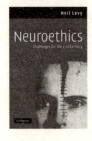

Neuroethics: Challenges for the 21st Century / 神经伦理学：21 世纪的挑战

Neil Levy / [澳] 尼尔·利维 著

Cambridge University Press / 剑桥大学出版社 2007 年 7 月

虽然"神经伦理学"（neuroethics）已经发展了十几年，但其整体系统结构尚未构建完成。此时可参看本书。本书出版时，日本国内尚不了解"神经伦理学"的意义，现在情况慢慢有所变化。

要了解生物技术现状及哪些事在未来将变为可能，可阅读拉姆斯·纳姆的著作及比尔·麦吉本的《人类的终结》（2003 年）。二书立场不同，但更有助于我们了解现状。对于生物技术的未来，不管赞成与否都应把握现状。但对于人类行为是否由遗传基因决定，（似乎理所当然）还可能存在诸多质疑。此时可阅读基思·斯坦诺维奇（Keith E.Stanovitch）的《心灵取决于基因的法则吗？》（2004 年）。关于优生学的历史与批判，丹尼尔·J. 凯弗里斯（Daniel J.Kevles）的《以优生学之名》（1985 年）是基本文献。尼古拉斯·艾格（Nicholas Eager）的《自由优生学：拥护人类的优化》（2004 年）表达了对近来的遗传基因改良的肯定。神经伦理学方面，随着神经科学发展，本世纪有众多图书出版，可参阅迈克尔·加扎尼加的《伦理的脑》（2005 年）。

第四章

资本主义是否
仍适用于 21 世纪？

第一节　资本主义带来的贫富差距是一个问题吗？

"近代"结束，资本主义仍不会终结？

前两章的内容均是在"现代科技革命最终会导致近代（modern）的结束"的基础上展开的，作为近代社会的核心，资本主义是一个绕不开的话题。根据马克思唯物史观，社会发展阶段依次是"亚洲原始社会"→"古代奴隶社会"→"中世纪封建社会"→"近代资本主义社会"。那么，近代的结束是否就意味着资本主义的终结呢？

法国哲学家让－保罗·萨特＊曾在《辩证理性批判》（1960 年）一书中指出，"因为我们尚未超越产生马克思主义的社会背景（资本主义），所以我们也无法超越马克思主义"。然而讽刺的是，历史却仿佛与萨特的观点背道而驰。

20 世纪末，不少建立在马克思主义之上的国家先后解体，看起来好像是资本主义超越了社会主义，而随着资本主义与社会主义对峙（冷战）的结束，世界格局进入被政治学者弗兰西斯·福山称为"历史的终结"的状态。

福山将西欧的"自由民主主义"和经济上的资本主义视为社会发展的最高阶段，认为"历史的终结"已经到来。从这一点上说，资本主义将会永远延续，"近代"这一时代也永远不会终结。

但是从今天的情况来看，我们已不太可能像福山那样坚信资本主义会千秋万代。斯洛文尼亚哲学家斯拉沃热·齐泽克在《先是悲剧，然后是闹剧》（2009 年）一书中写道：

让 – 保罗·萨特
（Jean-Paul Sartre）
1980 年去世，法国哲学家、小说家、剧作家，存在主义的代表思想家，主要著作有《存在与虚无》《恶心》等。

> 20 世纪 90 年代，福山所描述的乌托邦似乎不得不覆灭了两次。第一次是由于"9·11 事件"，自由民主主义政治乌托邦崩溃，但是全球化的市场资本主义经济乌托邦并没有产生动摇。如果要问 2008 年爆发的大规模金融危机有什么历史意义的话，那就是它标志着福山所幻想的经济乌托邦的终结。[1]

在 21 世纪的现在，资本主义所潜藏的问题屡屡被人指出，人们也在探寻能够取代资本主义的经济制度。然而尽管如此，我们至今仍未探明资本主义之后究竟会是什么样子。那么，我们应该如何对待资本主义呢？资本主义应该被超越吗？抑或是资本主义能够被超越吗？除了资本主义，我们还能构想出别的社会形态吗？无论如何回答这些问题，资本主义都是 21 世纪的核心。本章将会从四个方面探讨围绕资本主义的一系列问题。

"皮凯蒂现象"的启示

现代资本主义将走向何方？**托马斯·皮凯蒂**[*]2013 年在法国出版了《21 世纪资本论》，如书名所示，马克思所著的《资本论》分析的是 19 世纪的资本主义，本书则自诩为 21 世纪的《资本论》。

众所周知，该书自 2014 年发行英文版以来，在世界范围内掀起了热潮，日本也于该年年末引进出版了日文版，进一步增加了其人气。尽管该书是一本分量厚重、价格不菲的经济学专业书籍，却像小说一样登上了畅销榜。截至 2015 年 1 月，该书全球累计销量超过 100 万册。如果我们将这个状况叫作"皮凯蒂现象"的话，那么理解《21 世纪资本论》的线索可能就潜藏在其中。

我们先了解一下皮凯蒂给出的基本信息。通过《21 世纪资本论》，他究竟想表达些什么呢？想要弄清楚答案，我们最好先来看一下皮凯蒂给出的这个图表：

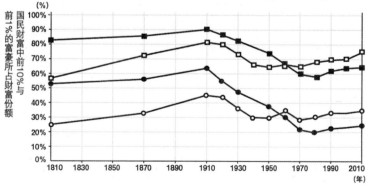

1800年以来欧美财富分布情况

资料来源：皮凯蒂著《21 世纪资本论》第 359 页。

该图表表示的是 1800 年以来美国与欧洲的财富分布情况，并强调了最富有的 1% 与财富前 10% 的人所拥有的财富在全国财富中的占比。比如从 1910 年的欧洲，最富有的 10% 的人所拥有的财富占据了整体社会财富的 90%，最富有的 1% 的人所拥有的财富占据了整体社会财富的 60%。由此可知当时的贫富差距是多么巨大。

从这张图表中，我们还能清楚地看出欧洲与美国贫富差距的历史变化。比如，欧洲与美国在 1910 年至 1950 年期间，贫富差距一度都呈现出缩小的趋势，并且这一趋势一直持续到 1970 年左右，之后，贫富差距再次扩大。欧洲和美国财富分布的比例虽然有所不同，但是变化趋势却是一样的。很明显，**如果这一趋势持续下去，世界上的贫富差距将会进一步扩大。**

由此，皮凯蒂主张在世界范围内对资产实行累进税制，但落实这一主张会有一定难度。在此应该注意的是，虽然皮凯蒂对贫富差距扩大的趋势进行了批判并提出了修正的办法，却并没有否定资本主义。这一点和马克思的《资本论》不同。皮凯蒂是为了资本主义今后能继续延续才提出实行累进税制来防止贫富差距的扩大化。

托马斯·皮凯蒂
（Thomas Piketty）
生于 1971 年，法国经济学家，运用历史比较的方法研究经济上的贫富不均等问题的专家。

关于皮凯蒂的经济学分析这里不会再进行更深入的探讨，但是有一点希望读者注意，那就是只要资本主义以自由经济为基础，就必然会产生贫富差距。既然如此，为什么还要缩小贫富差距呢？一般来说，只要不是社会主义，就应该允许一定程度上的贫富差距。但是，这个程度是多大，容忍的理由又是什么呢？再说，如果国内的贫富差距应该缩小，那么国际上的贫富差距也应该缩小吗？

"缩小贫富差距"是一句听起来不错的宣传口号，但若深究它的依据和实效，却并不是那么明确。

贫富差距不是经济问题而是政治问题

加州大学伯克利分校教授罗伯特·赖克[*]明确主张"缩小贫富差距"，他因在《国家的作用：21世纪的资本主义前景》（*The Work of Nations—Preparing Ourselves for 21st Century Capitalism*，1991年）一书中提出占美国人口20%的"技术型"阶层[*]独占国家财富的"差距社会"即将来临而受到关注。他在2012年美国总统大选期间出版了《超越愤怒：我们的经济和民主出了什么问题，以及如何解决它》（*Beyond Outrage: What Has Gone Wrong with Our Economy and Our Democracy, and How to Fix It*）。

在这本书中，赖克表达了对20世纪70年代以来美国社会不断扩大的贫富差距的"愤怒"。这种愤怒从2011年左右开始，通过"1%对99%"的对比及"占领华尔街！"等这样的社会活动口号表现出来。正如皮凯蒂通过数据说明的那样，20世纪70年代以来，美国的贫富差距在不断扩大。

2008年，大规模金融危机的爆发让不断扩大的贫富差距进一步加剧，但政府却把国民缴纳的税金拿去援助这次危机的罪魁祸首金融界，在高管们拿着巨额薪酬的同时，普通员工却只能惨遭辞退，甚至失业后也得不到任何保障。赖克在书中对这样的状况描述如下：

> 华尔街的大佬们在拿到纳税人的救济后，达到了前所未有的富裕程度。普通劳动者的生活在一天天地恶化，CEO 们到手的薪资却达到了他们的 300 倍以上……然而失去工作和收入的却是普通劳动者。企业利润与工资支出之比达到了全球经济大萧条以来的最高点。制药巨头默克先是宣布暂时解雇 16000 名员工，之后又追加了 28000 名，而该公司的 CEO 却在 2010 年领取了 1790 万美元的年薪。同样，在美国银行宣布解雇 30000 名员工的同时，他们的 CEO 却可以领到 1000 万美元的薪金。[2]

根据赖克的观点，贫富差距扩大的原因是大企业与政府沆瀣一气，政府"将实力投入大企业、华尔街以及金权政治家们希望的

罗伯特·赖克
（Robert Reich）
生于 1946 年，美国政治经济学家，曾在克林顿政府担任劳工部部长。

"技术型"阶层
赖克根据"偏向高技能的技术革新"，即 skill-biased technological change，简称 SBTC 理论，认同"技术因素是薪水变化的驱动力"的观点。

——译者注

地方"。具体来说，就是"大企业为退休的政府官员提供高薪职位，或者为谋求连任的强势议员慷慨地提供竞选资金"。此外，关于华尔街，赖克还说道：

> 金融界是美国最富裕、最具影响力，且同联邦政府关系最为紧密的业界。金融界频繁地向政府派驻财务长官和经济顾问，而这些财务长官和经济顾问既和他们有着同样的价值观，又在金融方面和他们有着共同的利害关系。与此同时，金融界还经常为议会中的主要人物提供资金援助。而这正是华尔街能够无条件得到救助的原因。[3]

皮凯蒂在《21世纪资本论》中，用"r(资本收益率)＞g(经济增长率)"的原理解释了贫富差距扩大的原因。赖克则认为，贫富差距扩大的原因在于经济界与政治界的相互勾结，政治家施行了对"富裕阶层"有利的政策。更直白一些说，就是贫富差距扩大的原因在于政治。因此，赖克要求政治应该从"为1%（大企业）服务"转变为"为99%（国民）服务"。

读过赖克的书我们发现，其中有不少观点在日本也很适用，但是从整体上来看明显带有对共和党的批判倾向，政治宣传的色彩浓厚。虽然他对"占领华尔街！"的怒吼深有共鸣，并且希望将其反映到政治中去，但这并不意味着他就是一名共产主义的追随者。虽然有政敌称"罗伯特·赖克是一个暗地里崇拜卡尔·马克思的共产主义者"，但是事实上他并没有否定贫富差距本身。

如果这样的话，就有必要说明**多大程度的贫富差距合适，多大程度的贫富差距不合适**及其理由，然而赖克并没有对此谈及只言片语。那么，批判贫富差距的理论依据究竟是什么呢?

贫富差距真的是坏事吗？

哈里·法兰克福
（Harry G. Frankfurt）
生于1929年，美国哲学家，
专攻道德哲学。

皮凯蒂和赖克在论述中都指出，现代资本主义社会的贫富差距不仅巨大，而且还在不断扩大之中。这一点是直观易懂的事实，能引起人们的强烈共鸣。实际上，美国前总统巴拉克·奥巴马也在国情咨文演讲中提到"'收入差距（不平等）'是我们这个时代的关键性问题"。极少数富人（1%—10%）挥霍无度，而大多数国民（90%—99%）却为生活所迫，这确实是一个应该修正的问题。

但是，如果问出"贫富差距（不平等）为什么是一件坏事"这个问题，却可能会被呵斥："那当然是坏事！"或是被认为是歧视主义者而遭到抨击。在确立"贫富差距（经济不平等）= 恶"为前提之前，我们必须暂停下来，思考一下究竟该怎么理解贫富差距（经济不平等）。

为什么应该这样做？这是因为无论是皮凯蒂还是赖克都没有完全否定贫富差距，而贫富差距本身很容易被视为"恶"。不过，既然不是追求"共产主义"，又为什么必须要消除贫富差距呢？

思考这一问题时，请务必参考哈里·法兰克福*所著《论不平等》（*On Inequality*,

2015 年）。他的著作《论扯淡》（*On Bullshit*，2008 年）曾是美国畅销书。他虽然是普林斯顿大学的名誉教授，但其著作中直截了当的表达方式给读者带来很大冲击。在多数人提倡"缩小贫富差距"的当下，法兰克福的论述给我们提供了宝贵的意见。

比如，似乎是故意要和主张"消除贫富差距"的平等主义思潮反着来一样，法兰克福通过下面这段话清楚地表明了自己的立场：

> 从道德的角度来看，经济上的平等本身并不重要，同样，经济上的不平等（贫富差距）本身也不应受到苛责。从道德的角度来看，每个人都得到同样的东西并不是一件重要的事情，重要的是每个人都得到足够的东西。如果每个人都有足够多的钱，那么谁的钱多谁的钱少，也就不值得我们去特别关心了。[4]

是贫富差距还是贫困？

	皮凯蒂、赖克	法兰克福
重要性	**贫富差距** （经济不平等）	**贫困** （无法满足生活所需）
课题	**消除或缩小贫富差距** （累进税制）	**贫困救济** （基本收入？）

相对于"平等主义"，法兰克福将自己的理论称为"**充足理论**"。

根据这个理论，"从道德角度上来看，关于金钱最重要的一点就是让每个人都有充足的钱"。也就是说，收入的多少本身并不构成问题，但是，如果有人没有足够的金钱维持生计（贫困者），那么我们在道德上就有必要去救助他。因此，**就道德层面而言，重要的不是贫富差距，而是"贫困"**。

这里要注意的是，法兰克福的论述是"理论上"的探讨。通常在人们谈到经济上的差距问题时，往往会默认"经济上的平等"是一种更好的状态，因此都会把贫富差距（不平等）扩大当成坏事，并且会提出一些修正意见。然而贫富差距（不平等）本身真的是一件坏事吗？比如，两个人的收入虽然有差距，但是他们都有足够的金钱来满足自己的生活需求，那么就没有必要去调整、缩小这个差距。

当然，还有很多具体的问题需要进一步探讨，比如"足够维持生计的金钱"到底是多少钱，以及该如何保证人们能得到"足够的金钱"等等。法兰克福所论述的只是一些基础理论问题，并没有深究具体的问题。但是因为**"消除贫富差距"**和**"贫困救济"**的具体政策完全不同，所以在思考贫富差距（经济不平等）问题时，必须从问题的根本出发。

究竟应该是哪一种自由？

资本主义是以拥有私有财产的自由为前提，以从事追求利润的经济活动的自由为中心的体系，所以自由原则是资本主义的基础。西欧资本主义国家因此往往称自己的政治体制为自由主义政体。对资本主义持批判态度的马克思曾讽刺地说资本主义的工人拥有"双重意义的自由"，即除了自己的劳动力之外没有其他商品可以出售的"自由"，以及出卖自身劳动力的"自由"。

但是，虽然都称为"自由"，却有多个含义，不同人的理解各不相同，而且，与19世纪前后的工业资本主义相比，现代资本主义也发生了巨大的变化，"自由"的形态也发生了变化。

因此，为了避免不必要的混淆，我们先来探讨一下该如何理解"自由"。今天有关于"自由"的探讨，自20世纪70年代以来，以两个领域最为活跃：一个是政治哲学，另一个是关于经济活动本质的议题。

首先来看一下政治哲学领域的讨论。请大家注意英语是如何表示"自由主义"的。直观来看，似乎用Liberalism即可，但是在美国，Liberalism在传统上有特别的含义。为了更好地理解，我们先来认识一下**两个自由主义**。

1971年，哈佛大学教授约翰·罗尔斯*发表《正义论》（*A Theory of Jusitce*），引发了全球性的**自由主义**（Liberalism*）热潮。这里所说的自由主义，不仅仅指对个体自由的重视，还提倡必须"救助弱者"的差距原则。从平等主义的立场出发，政府的确应该实施福利政策，规范个人的自由经济活动，但如果就此将 Liberalism 译为自由主义，却可能会导致误解。

　　1974 年，也是哈佛大学教授的罗伯特·诺齐克*发表《无政府、国家与乌托邦》（*Anarchy, State, and Utopia*），强调拥护个人"自由"，并严厉地批判了罗尔斯的自由主义。诺齐克不认同罗尔斯关于贫富差距的看法，并反对福利政策等政府介入。他的立场是完全支持个人的"自由"活动，其主张被称为**"自由意志主义"**（自由至上主义）*。诺齐克认为，只要不采取盗窃、暴力等不正当手段，"自由"的经济活动即使会造成个人间的贫富差距，也应当被接受。

　　和罗尔斯的自由主义（Liberalism）相比，恐怕日语中的自由主义更接近诺齐克的自由意志主义。罗尔斯的自由主义并没有否定个人的自由，甚至可以说，个人自由是他的理论的第一原理，而且他积极支持同性恋、人工流产等政治自由。从这一点来看，将他所说的 Liberalism 译作自由主义似乎也不算错。

　　虽然一样是自由主义，但在如何应对社

约翰·罗尔斯
（John Rawls）
逝世于 2002 年，美国政治哲学家，对自由主义的论述产生了很大影响。

Liberalism
该词虽被译为"自由主义"，却是一种因时代和语境的不同而包含多重意义的政治思想，现因罗尔斯的《正义论》再次受到关注。

罗伯特·诺齐克
（Robert Nozick）
逝世于 2002 年，美国哲学家，自由意志主义的代表性思想家。

自由意志主义
（Libertarianism）
赋予自由最大价值的个人主义立场，重视个人和经济双方面的自由。

会或经济差距（不平等）问题上，自由主义和自由意志主义却是完全对立的。自由主义主张为了救助"社会上最弱势的人"，政府应该积极介入并实施福利政策，而自由意志主义则持相反的意见。从这一点来看，可以说自由主义提倡的是万能的"大政府"，而自由意志主义提倡的则是有限的"小政府"。

从现代自由主义的发展状况可以看出，探讨"自由"时，如果不结合实际的具体情况，那么这种探讨最终只会流于表面，似是而非。因此，我们首先要确定，现代社会需要的是一种什么样的"自由"。

什么是新自由主义？

除了政治哲学，现代社会中另一个非常重视"自由"的领域是经济学中的自由主义，一般称其为**"新自由主义"**（Neoliberalism）。提出新自由主义理论的是弗里德里希·哈耶克*和米尔顿·弗里德曼*，但他们自己并没有使用"新自由主义"这个名字。哈耶克和弗里德曼提出的自由主义之所以在经济学界流行开来，是因为他们分别于1974年和1976年获得了诺贝尔经济学奖。

哈耶克和弗里德曼的经济学理论被称为"新自由主义"，是因为英国首相撒切尔夫人和美国总统里根以其为依据实施了一系列政策（民营化、放宽政府管制、有限政府、市场主义等）。大卫·哈维*就"新自由主义"做出了下述阐释。虽然这段话比较长，但是为了有助于理解"新自由主义"的巨大影响力，我还是引用了它：

自20世纪70年代以来，在政治经济的实践和思考上随处可见朝向新自由主义的急剧转变。松绑，私有化，国家从许多社会供给领域中退出，这些变得司空见惯。从苏联解体后新成立的国家到老牌社会民主制和福利国家（诸如新西兰和瑞典），几乎所有国家都接受了某种形式的新自由主义理论——有时出于自愿，但有时是为了回应外界压力——并至少对一些政策和实践做出了相应调整……此外，支持新自由主义的人们如今都身居要位，影响遍及教育（大学和众多"智囊团"）、媒体、公司董事会会议室和财政机构、政府核心机构（财政部、央行），以及那些管理全球财政和贸易的国际组织——诸如国际货币基金组织（IMF）、世界银行、世界贸易组织（WTO）。简言之，新自由主义作为话语模式已居霸权地位。[5]

要理解为什么"新自由主义"被称为"新（Neo）"，就需要从"自由主义（Liberalism）"这个词的历史沿革说起。

19 世纪之前的自由主义被称为"古典自由主义"，以"自由放任"的经济活动为基本理论，反对政府介入市场。进入 20 世纪之后，为了应对经济萧条，政府开始积极介入市场，实施福利政策。英国（凯恩斯经济学*）、美国（罗斯福新政*）都开始担提倡"免于贫困的自由"的"社会自由主义（新自由

弗里德里希·哈耶克（Friedrich Hayek）
逝世于 1992 年，生于奥地利维也纳的经济学家、哲学家，是奥地利经济学派的代表人物。

米尔顿·弗里德曼（Milton Friedman）
逝世于 2006 年，美国经济学家，新自由主义的代表人物。

大卫·哈维（David Harvey）
生于 1935 年，英国地理学家，专攻人文地理学、社会理论、政治经济学。

凯恩斯经济学
以约翰·梅纳德·凯恩斯的著作为核心，重视有效需求的宏观经济学。

罗斯福新政
时任美国总统富兰克林·罗斯福为应对经济大萧条而实施的一系列经济政策。

主义）"，罗尔斯的自由主义也是以这一传统为基础的。

然而进入 20 世纪 70 年代，出现了对政府介入的自由主义以及以凯恩斯经济学为基础的自由主义的批判。这些人严厉批评 20 世纪初的自由主义，提倡新型的自由主义，也就是在 20 世纪影响了全世界的"新自由主义"。

但近年来也出现了针对新自由主义的严厉批判，如娜欧米·克莱因*的《震荡定律：灾难资本主义的兴起》（*The Shock Doctrine:The Rise of Disaster Capitalism*，2007 年）。她在书中提出，"**市场原教旨主义**"造成贫富差距扩大，而新自由主义下的政策有利于富人及富裕的企业，其弊端正以各种形式显现出来，因此我们有必要在今天重新思考该如何看待和应对新自由主义。

> **19世纪的"古典自由主义"：古典经济学的"自由放任"**
> ↓
> **20世纪的"社会自由主义"：凯恩斯经济学的"政府介入"、福利政策**
> ↓
> **20世纪末的"新自由主义"：哈耶克、弗里德曼的"市场原教旨主义"**

自由主义的悖论

在了解了这些年来自由主义多种多样的形态之后，让我们回到最根本的问题上，那就是：自由主义能够作为一种社会制度存在吗？之所以这样问，是因为原教旨的自由主义可能根本无法存在。这个说法可能有些令人费解，我们来看看阿马蒂亚·森关于这个问题的论述，从中应该能得到一些启示。

哈佛大学教授阿马蒂亚·森是 1998 年诺贝尔经济学奖得主，同时也是第一位获得诺贝尔经济学奖的亚洲人。1970 年，他在发表的论文中提出了"**自由主义的悖论**"，尝试从理论层面验证自由主义的不可行性。这个理论刚提出时并没有受到太多关注，数年后，人们发现了它的重要性，进而引发了激烈的讨论。

对于阿马蒂亚·森的想法，我们借助他近期的著作《正义的理念》中的例子来加以说明，以帮助我们理解。阿马蒂亚·森在书中写道：

> 假设这里有一本色情读物以及两个可能读这本书的人。名字叫普鲁德（Prude，故作正经）的人讨厌这本书，压根不想读；另一个名叫鲁德（Rude，粗鲁）的人很喜欢这本书。一方面，鲁德读这本书时，普鲁德会很不高兴，他觉得自己受到了很大的干扰（鲁德一边看书一边窃笑，让普鲁德非常厌烦）；另一方面，虽然鲁德自己很喜欢读这本书，但他更希望普鲁德去读这本书（普鲁德读起来越难受，鲁德越期待）。[6]

娜欧米·克莱因
（Naomi Klein）
生于 1970 年，加拿大记者、作家、活动家，主要著作有《NO LOGO：颠覆品牌全球统治》等。

看起来只是一个寻常的事例，为什么却被叫作"自由主义的悖论"呢？首先，根据普鲁德和鲁德分别可选择的行动，可以得出三种结果：普鲁德读（P），鲁德读（L），谁都不读（O）。然后，以此为依据得出两个人分别可能优先选择的排列顺序（不等式'左>右'表示'左优于右'）。

> 普鲁德的选择：O > P > L
> 鲁德的选择：P > L > O
> 两人共同的选择：P > L（应为共通的规则）……①

但如果两个人所处的社会是一个"自由"的社会，就可以不受其他人干扰，个人自由地做出选择。基于这样的自由原理，再结合两个人的期望，可以得出下面这样的排列。

> 普鲁德的选择：O > P（根本不想读这种书）
> 鲁德的选择：L > O（这样的书还是看一看比较好）
> 将两个人的选择整合之后：L > O > P，即L > P……②

将①和②进行比较，会发现两个结论截然相反。①可以称为"帕累托最优原则"，即"如果社会全体成员一致偏向选择某种社会状态，那么选择那种状态就是社会全体的决定"。两个人都认为比起 L 来，还是 P 来读这本书更好，因此整体期望就应当是 P > L。然而，如果从个人自由的原则出发，又会得出② L > P 的结论，同全体的决定相矛盾。对此，阿马蒂亚·森的看法如下：

> 若以帕累托最优原则和自由主义原理为前提，则不管我们选择哪一种方案，总是会出现另一种对情况更加有利的方案，从而带来选择上的矛盾。[7]

这样的话，自由主义应该如何在社会中实行，也就成为一个问题。

阿马蒂亚·森（1933— ）

出生于印度的经济学家、哲学家，哈佛大学教授。9岁时经历了孟加拉大饥荒，让他开始思考为什么会有贫困和不平等，以及应该如何解决这一问题。1998年，他成为第一位获得诺贝尔经济学奖的亚洲人。基于自由主义的立场，他关注"潜力"（capbility）这一概念，并构想了一种和罗尔斯不同的"正义论"。

**全球化会帮助人们
摆脱民族国家的约束吗？**

21世纪的"帝国"指的是什么？

马克思预言资本主义的崩溃时，他设想的背景是19世纪的"工业资本主义"，但资本主义却超过了他的预期，不仅在20世纪来临之际与"金融资本"相结合形成了"帝国主义"，而且还在进入21世纪时达到了一个新阶段。安东尼奥·奈格里[*]和麦克尔·哈特[*]在他们2000年出版的著作中将这种新型资本主义称为"帝国"。在书的开头，他们这样阐述帝国的特征：

> 帝国正在我们的眼前出现。在过去的几十年中，当殖民制度已被舍弃，苏联对资本主义世界市场的障碍最终坍塌时，我们已经见证了经济和文化方面交流的不可抗拒、不可扭转的全球化。伴随全球市场和生产的全球流水线的形成，全球化的秩序，一种新的规则的逻辑和结构，简单地说，一种新的主权形式正在出现。帝国是一个政治对象，它有效地控制着这些全球交流，它是统治世界的最高权力。[8]

奈格里和哈特所指的"帝国"，具体来说，是20世纪末发展起来的**全球化**。比如下面这段话，就可以理解为是他们对全球化的描述：

生产和交换的主要因素——金钱、技术、人力、商品——越来越容易地越过国界，因此，越来越少有力量去制约以上因素的流动，向经济施加它的权力。[9]

《帝国》一书的出版，在全球引起了巨大反响，"帝国"一词也成了流行词。特别是齐泽克对它提出了"21世纪的《共产党宣言》？"这样的说法，更是强调了它的重要性，使《帝国》的评价进一步水涨船高。然而在其流行的背后，藏在《帝国》基本构想中的模糊不清的地方还是很难让人忽视。

比如，奈格里和哈特在提到"帝国"时，并没有给出一个比较明确的定义。他们称"帝国"是全球化进程带来的"国际新秩序"，如果全球化是资本主义经济活动，"帝国"就是与之对应的政治组织。但对于这究竟是一种怎样的政治组织，他们却没有更进一步的说明。

他们只是明确表示，"帝国"并不是指现实中的"美利坚帝国"。但这样的话，就有必要说明书中所说的"帝国"到底指的是什么。然而奈格里和哈特却是避而不谈。比如，在将"帝国"与不断寻求领土扩张的"帝

安东尼奥·奈格里
（Antonio Negri）
生于1933年，意大利哲学家、政治活动家。以研究斯宾诺莎和马克思而闻名。

麦克尔·哈特
（Michael Hardt）
生于1960年，美国哲学家，比较文学家，著有《德勒兹的哲学》等。

国主义"进行对比时，他们阐述如下，但是却很难让我们从中了解到他们构想的到底是一种什么样的事物：

> 与帝国主义相比，帝国不建立权力的中心，不依赖固定的疆界和界限。它是一个无中心、无疆界的统治机器。在其开放的、扩展的边界当中，这一统治机器不断加强对整个全球领域的统合。帝国通过指挥的调节网络管理着混合的身份、富有弹性的等级制和多元的交流。

定义模糊不清，是"帝国"无法成为社会变革的理论的一个决定性因素，因为这相当于没有指出"做斗争"的对象。和马克思理论中的近代工人阶级或者无产阶级类似，奈格里和哈特提到了全球化背景下的多样化群众（Multitude，诸众），并认为他们是与"帝国"对抗的势力。但是他们并没有明确指出"诸众"具体指的是谁。

因此，虽然被称为"21世纪的《共产党宣言》？"，《帝国》却既没能明确斗争的对象，也没有说清楚斗争的主体，对全球化对应的"国际新秩序"到底是什么，民族主义国家又真的会因为全球化而衰退这些问题也没有回应。

美利坚"帝国"的终结

《帝国》一书出版时，尽管奈格里和哈特予以了否认，还是有不少人认为书中提到的"帝国"就是"美利坚帝国"。实际上，自20世纪90年代初期苏联解体以后，美国一直奉行单边霸权主义，的确宛若"帝国"一般追求全球性政治支配。在这一背景下出版的《帝国》

中的"帝国"被理解成"美利坚帝国",也不无道理。读过《帝国》之后可以发现,与奈格里和哈特的意愿相反,"美利坚帝国"致力于展示它的强大。而"9·11事件"和出兵阿富汗、伊拉克战争等行为,美国看起来更是如"世界警察"一般扮演着"帝国"的角色。

对"美利坚帝国"提出不同看法的是法国人类学家伊曼努尔·托德*,在"美利坚帝国"的强大受到媒体极度称赞的 2002 年,他出版了《帝国之后》一书,预言了"美利坚帝国"的崩溃。托德这样总结了苏联解体后的十年:

> 近十年间究竟发生了什么事情?具备帝国实力的两个帝国进行了对决,其中之一的苏维埃帝国解体了,另一个帝国,美利坚帝国也已步入了瓦解的过程。然而苏维埃突然的陨落却让美利坚合众国产生了可以彻底扩张自己势力的幻想,误以为在苏联以及接下来俄罗斯的衰败之后,自己可以在全世界范围内扩张霸权。而实际上,此时他连在自身势力范围内的统治都已经开始削弱了。[10]

伊曼努尔·托德
(Emmanuel Todd)
生于 1951 年,法国人口学、历史学、家族人类学家,著作有《帝国以后》《谁是查理?——信仰危机的社会学分析》等。

同样来自法国的思想家雅克·阿塔利*也提到了"美利坚帝国的终结"。阿塔利在《未来简史》(*A Brief History of the Future*, 2006 年)一书中描绘了世界未来的发展趋势。在以"美帝国的终结"为题的第四章中,他不但指出了明确的年份,还进行了预测:

> 到 2035 年左右,随着一场长期战争的结束,严峻的生态危机会接踵而来,美国现有的统治地位会被全球化的市场以及企业组织的势力,特别是金融市场和保险业团体所打破。与历史上的其他帝国一样,美国将会陷入财政枯竭和政治衰弱的旋涡,无力继续统领世界。不过,它将仍是一支强大的力量,不会被任何其他大国或某个强势国家所取代。世界将会暂时形成多极格局,由数十个地区势力共同管理。[11]

这里要注意的是,托德和阿塔利的"美利坚帝国终结论"是在"次贷危机"之前发表的。也就是说,在人们普遍认为美国处在"帝国"巅峰期时,他们便已经预见到了它的衰落。

全球化的三难选择

先不管美帝国是否会像阿塔利预言的那样败于市场的全球化,我们有必要再回到全球化这个问题上来。因为全球化之下,隐藏着一个非常严重的"悖论",不理解这一点的话,会影响我们对未来世界的认知。

土耳其经济学家、普林斯顿高等研究院教授丹尼·罗德里克在 2011 年出版了《全球化的悖论》(*The Globalization Paradox:Democracy and the Future of the World Economy*）一书，就该如何应对全球化进行了探讨。根据他的观点，我们有以下三个选项，且必须从中做出选择：

雅克·阿塔利
（Jacques Attali）
生于1943年，法国经济学家、思想家、作家，曾担任法国总统密特朗的特别顾问、欧洲复兴开发银行首任行长。

　　我们应该如何管理国家民主制度和国际市场之间的矛盾？我们有三大选择。我们可以选择限制国内民主，对全球经济不时带来的社会、经济冲击置之不理，只求降低国际贸易交易成本；我们可以选择限制全球化，希望在国内建立合法的民主制度；我们也可以选择以牺牲国家主权为代价的民主全球化。这样，重建世界经济可行的选择就都列在了这张单子上。这张单子抓住了世界经济在政治上难以三全其美的精髓：我们不能在拥有超级全球化的同时拥有民主制度和国家自主权。我们最多能在三者中取二。[12]

　　也就是说，①"如果我们想要**超级全球化**和**民主制度**，我们就要放弃**国家主权**"；或者②"如果我们想要保住**国家主权**，也想要**超级全球化**，我们就必须放弃**民主制度**"；

或是③"如果我们想要将**民主制度**和**国家主权**结合在一起，我们就要和**超级全球化**说再见"。丹尼·罗德里克将这三个选项用下图做了说明。

全球化的三难选择

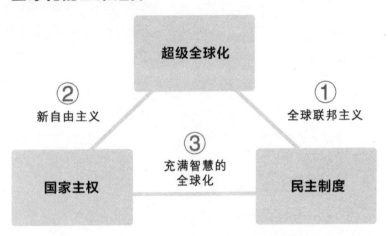

现在的问题是，这三个选项（三难困境）中，我们希望选择哪一个。①是以全球联邦主义为目标，大幅削弱国家主权；②是新自由主义所推行的政策，但成立的前提必须是"限制民主主义"；与②相对，③是牺牲超级全球化，保留主权国家作为民主制度的中心。

那么，罗德里克的选择是什么呢？就结论而言，他选择了③，并将其称为"充满智慧的全球化"政策：

> 所以我们一定要做出选择。我很清楚我要什么：民主和国家自主应该压倒超级全球化。民主国家有保护自己国家社会制度的权利，当这种权利和世界经济的要求发生冲突时，世界经济要让步。

你可能会认为如果是这样，全球化就完蛋了。所言差矣！……我们要的是充满智慧的全球化，而不是最大限度的全球化。[13]

确实，①的全球联邦主义看起来难以实现，因为无视国家的多样性并不可取；②的新自由主义政策可能带来金融危机与扩大贫富差距等全球化的负面影响；要实现③"充满智慧的全球化"，仍然面临着许多需要解决的难题。

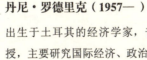

丹尼·罗德里克（1957— ）

出生于土耳其的经济学家，普林斯顿高等研究院教授，主要研究国际经济、政治经济。1997 年出版《全球化走得太远了吗？》（*Has Globalization Gone Too Far?*）时正值亚洲货币危机，该书因被认为是"90年代最重要的著作"而备受瞩目。在 2011 年出版的《全球化的悖论》中，指出全球化的"三难选择"，并分析了现代社会的困局。

资本主义能否被超越？

虚拟货币

无须多说，科学技术对资本主义来说是具有决定性的关键，18 世纪后半叶的英国工业革命就源于新的科技发明。现代的科技变化远远超过了 18 世纪工业革命的规模，这样说来，现代科技的"革命"就应该会促使资本主义发生巨大转变。

在"信息革命"刚开始的 20 世纪 70 年代，美国的丹尼尔·贝尔*和法国的阿兰·图海纳*等社会学家因提倡"后工业社会"而引起了人们的关注。之后，法国哲学家让·弗朗索瓦·利奥塔根据他们的社会理论提出了"后现代论"，但当时电脑和互联网都还没有普及。

今天信息通信技术的发展与过去早已不可同日而语，也许现在的信息通信技术真的有可能从根本上改变资本主义。"比特币"这种虚拟货币的出现正好印证了这种可能性。

2014 年，美国的软件开发者马克·安德森（Marc Andreessen）在《纽约时报》上发表了一篇名为《比特币为何重要》的文章，指出"比特币"的出现是与计算机和互联网诞生相匹敌的重要事件：

> 一种神秘的新技术出现了，它不知从何而来，而这其实是匿名研究者 20 年深入研究和开发的成果……我所说的是什么技术呢？1975 年的个人计算机吗？1993 年的互联网吗？

不，都不是，是2014年的比特币。[14]

马克·安德森以个人计算机和互联网为例，强调了比特币的重要性。不管是个人计算机还是互联网，刚出现时没有人能预料到它们会普及到今天这样的程度。现在，它们几乎已经成为人们日常生活的一部分，如果没有这些科技，我们甚至连日常生活都无法维系。而比特币，有可能会和个人计算机与互联网的情形一样，甚至程度可能更夸张。

确实，以美国为中心，全球可以使用比特币（或是其他类似的虚拟货币）的区域正在逐渐扩大。然而，因为其超越了人们过去对货币的常规认知，所以在日本还不太为人们所接受。尤其是比特币大型交易公司Mt. Gox事件*发生以来，公众对比特币的信任度更是急剧下跌。

其根本原因在于，比特币是一种存在于电脑里的虚拟货币，不像金、银或是日元、美元那样"可以拿在手里进行交换"。然而，"可以拿在手里进行交换"这一点，真的是货币的本质属性吗？为了理解比特币的意义，我们先来看一看什么是"货币"。

为什么比特币可以被视为"货币"呢？菲力克斯·马丁*的《货币野史》（*Money:*

丹尼尔·贝尔
（Daniel Bell）
逝世于2011年，美国社会学家，提出的"意识形态终结论"在世界上广为流行，并且还提出了"后工业社会"的概念。

阿兰·图海纳
（Alain Touraine）
生于1925年，法国社会学家，因提出"新社会运动论"和"后工业社会"而闻名于世。

Mt. Gox事件
位于东京的比特币交易所，由于某种原因，其管理下的比特币丢失，并导致企业破产的事件。

菲力克斯·马丁
（Felix Martin）
任职于伦敦一家资产管理公司的经济学家，纽约智库"Institute for New Economic Thinking"研究员。

The Unauthorized Biography，2013 年）可以帮助我们理解这一点。马丁认为，关于货币的本质和起源，一直以来的观点都是，因为物物交换效率低下，所以某种物品（实际上就是金银等）成为支付手段并被人们广为接受，但这种观点实际上是一个"普遍性的错误"。

古希腊哲学家亚里士多德、近代哲学家约翰·洛克*、经济学家亚当·斯密*对货币起源都持有与上述观点类似的看法。根据这种看法，货币是一种"物品"，也就是作为商品世界中的交换手段而被选出来的一种特殊的商品。然而这一理论却无法解释最近出现的比特币，而且在这之前，它也无法解释为什么一张纸片也能够具有金钱的价值。

因此，马丁认为货币的本质在于别的地方，他将货币定义为"没有实体支撑的象征性事物"，并表示**"货币的本质其实是它背后由信用记录和清算机制构成的体系"**，并强调了他的观点和一般看法的区别：

> 这种关于货币的替代观点，其核心——或者也可以说原始概念——是信用。货币不是一种作为交易媒介的商品，而是由三种基本要素组成的一套社会型技术。第一条基本要素，是用来衡量货币价值的抽象价值单位；第二，是信用记录体系，它可以在个人或机构从事与他人的贸易时，跟踪记录他们的信用余额或债务余额；第三，是原始债权人可以将债务人的义务转移到第三方，来结清某些无关的债务。[15]

只要具备这三个基本要素，货币就不需要金银等实体材料。比特币满足了这三个要素，因此可以说，比特币成为货币的可能性正在不断增大。

金融科技革命和金融资本主义的未来

21 世纪以来，信息通信技术给经济社会带来的巨大改变，不仅限于比特币。包括比特币在内的数字科技给现在的金融界带来了一场地震。最近，**金融科技**（FinTech：金融Finance + 技术Technology）开始受到人们的关注。而这与以往的金融工程哪里不同呢？

金融工程是通过使用工程的（数学的）方法，来达到高效的运用资金的目的。虽然会为此利用信息通信技术（计算机），但是行为的主体仍然是金融机构。而现在的话题热门金融科技，则是主营信息通信技术的企业，开始进入金融领域。概括来说，就是数字技术正在改变金融本身。

其中的代表人物，如 2006 年创建了推特的杰克·多尔西，观察他的行为，大概就可以了解金融科技的前进方向。推特现在是世界上的人们广为使用的一种信息服务，在创建了推特之后，多尔西又创建了一家叫作"Square"的支付服务公司。

在智能手机的耳机插口插入一个叫作"Square Leader"的小型终端设备后，就可以读取信用卡的信息了。这样智能手机就变

约翰·洛克
（John Locke）
17 世纪英国哲学家，人称英国经验主义之父，主要著作有《人类理解论》等。

亚当·斯密
（Adam Smith）
18 世纪英国经济学家、神学家、哲学家，主要著作有《国富论》等。

成了一台信用卡结算终端。现在，智能机可以用来打电话、收发邮件、上网搜索信息、听音乐、看动画、玩游戏。而在插入了这一小型终端设备后，智能机又可以增加一个信用结算的功能。除了"Square"之外，还出现了很多这样的使用智能机进行的结算服务。

或者说，不仅限于支付，在融资方面，信息通信技术所具备的力量也越来越大。到目前为止，要从银行借钱，必须亲自前往银行并提交各种各样的书面材料。而这些书面材料的审查又需要不少日子。这种现象可以说还处于"模拟（Analog）"技术时代，已经落后于现代的数字社会了。

而近年来，也出现了能够利用迅速增长的"大数据"、发展迅速的人工智能，通过线上方式申请融资，并在短时间（仅仅几分钟）内获得许可的企业。这些企业能够通过互联网迅速搜集申请者的信息，并通过人工智能判断是否可以进行融资。

这样的信息通信技术会给固有的金融组织带来多大的改变呢？思考一下互联网和电子邮件普及的情况，就会发现它们的进化出乎意料地快。经济社会的面貌会受到它所处年代的科学技术的极大影响，这一点是毋庸置疑的。这样看来，不管是货币（比特币等），还是金融机构（银行、信贷、证券），都要不可避免地向着适应数字科技的方向转变。

因信息技术而变化的资本主义

如果信息技术以现在的势头发展下去，资本主义将走向何方？资本主义还能够维持以往的形态吗，还是会走向后资本主义（Post-Capitalism）？如果是那样的话，我们又将迎来一个怎样的社会？

这个问题是美国文明批评家杰里米·里夫金在《零边际成本社会》

（2014 年）一书中提出的。里夫金描绘了现在进行中的信息技术革命（物联网、3D 打印、众筹等）将会给社会和经济带来怎样的改变。比如说在该书的开头，他写下了如下语句：

> 一种新的经济体系正在登上世界舞台。自从 19 世纪初期资本主义和与之对立的社会主义出现以来，协同共享是第一个生根的新经济范式。21 世纪上半叶，协同共享伴随着资本主义市场蓬勃发展，并且已经开始改变我们组织经济生活的方式，它极大地缩小了收入差距，实现了全球经济民主化。
>
> …………
>
> 拥有超过百年历史的资本主义体制已经力不从心……关于经济模型的大转型，虽然在现阶段其迹象并不明显，但协同共享模式已进入攀升期。到 2050 年，协同共享很可能在全球大范围内成为主导性的经济体制。[16]

支撑里夫金"资本主义向**共享型经济**（Sharing Economy）转变"这一思想的，是现代社会数字技术的发展带来的"边际成本"近乎零的状况：

> （资本主义）在接近终点线之前，竞争激烈度将持续攀升，直至达到最佳效率，登上生产力的顶峰。所谓终点线，是指每项额外单位生产的边际成本近乎零的情况。[17]

比如从书籍来看，读者需要支付出版社、印刷方、批发商、运输／仓储方、零售商等各种各样的成本。而如果作家将作品上传至互联网并授权可以阅读后，读者就可以非常廉价（或者说免费）地购买。里夫金认为电子书籍可以在零边际成本下制作、流通。这样的例子在现代社会不胜枚举。

这一趋势在某种意义上可以成为资本主义的动力。因为资本主义的逻辑就在于通过竞争使技术飞跃性发展，提高生产力，降低价格。

然而当这一逻辑发展到极致，"边际成本"趋近于零之后，资本主义的命脉——利益也会枯竭。因此，资本主义会在取得成功的同时而失败。

在这里，我们虽然不会涉及里夫金的具体分析，但是随着现代信息技术的发展，资本主义将会转变为新的社会制度，这一观点十分重要。

18 世纪后半叶出现了一系列重要技术发明，工业资本主义也在那时确立。如果 20 世纪下半叶发生了信息技术革命，那么毋庸置疑，资本主义在 21 世纪将会发生巨大转变。

然而我却无法赞成里夫金的"资本主义终结，世界迎来共享经济时代"这一预言。因为即使数字技术的进步带来了"边际成本"的降低，也并不意味着完全不会产生利益。现代，像是 LINE 这样的，表面上免费的服务并不罕见，而它们之所以能够存在，就是因为它们形成了一个整体能够盈利的系统。

这一点从里夫金也参加的大学慕课便能看出来。收看讲座本身是免费的，但是和讲师交流、获取结业证书等行为是需要付费的。因此，实际上这些讲座的结业者不过占百分之几，并且这百分之几的比例将来都不知道是否能维持下去。因为要维持这一系统，不可能真正完全免费，必须通过别的形式获取利益。

确实，随着数字技术的发展，毋庸置疑教育模式也开始发生改变。比如过去日本的补习班主要都是面对面授课，而现在著名讲师通过网络在线授课、视频授课成为主流。

　　这一趋势不仅影响了补习班，也波及了大学等其他教育机构。然而这并不会让教育变成完全免费的，只是现有教育体制将这一技术整合进其中罢了。

　　这样一来，从现实的角度来看，里夫金所说的"共享经济"与其说会取代资本主义，不如说正在成为资本主义的一部分。

资本主义能存在下去吗？

　　即便如此，里夫金的论述中还是提出了一个非常重要的问题，那就是他再次提起了美籍奥地利经济学家约瑟夫·熊彼特[*]于20世纪中叶所提出的那个根本性的问题。

　　里夫金书中论述的方式与熊彼特的资本主义论有相似之处，所以他的思想基础与熊彼特存在共同之处也就是理所当然的了。那么，熊彼特所提出的那个根本性问题到底是什么呢？

　　在《资本主义、社会主义与民主》（1942年）一书中，熊彼特在第二篇的标题中提出了这样一个问题："资本主义能存在下去吗？"从熊彼特在去世前夜所写下的论述中，也能一窥这个问题的重要性。这个问题，熊

约瑟夫·熊彼特
（Joseph Schumpeter）
逝世于1950年，奥匈帝国出身的经济学家。他的理论认为企业不断进行的创新会使经济发生变化。

彼特反复不断地问了一次又一次。

熊彼特本人是如何回答这个问题的呢？在第二篇的开头，他直截了当地写道"资本主义能存在下去吗？不，我不认为它能存在下去"，并且提出了如下纲领：

> 我将努力建立的论点是，资本主义制度的实际和预期的成就足以否定它要在经济失败的重压下崩溃的观点，但就是它的成功破坏了保护它的社会制度"不可避免地"创造出资本主义不能生存下去并强烈地指定社会主义为它继承人的条件。[18]

在这一纲领的前半部分，与马克思主张的"资本主义将会失败、崩溃"相反，熊彼特主张资本主义将会取得成功。尽管如此，熊彼特仍旧主张"资本主义不能生存下去"。

马克思预言称"资本主义会因为它的失败而无法延续"，而熊彼特则认为"**资本主义会因为它的成功而无法延续**"。

熊彼特认为资本主义发展的引擎是"企业家"不断进行的"**创新**"。他称其为"创造性破坏"，这在今天仍然广为人知。熊彼特对其重要性做出了如下阐述：

> 开动和保持资本主义发动机运动的根本推动力，来自资本主义企业创造的新消费品、新生产方法或运输方法、新市场、新产业组织的形式……这个创造性破坏的过程，就是资本主义的本质性的事实。它是资本主义存在的事实和每一家资本主义公司赖以生存的事实。[19]

但是熊彼特认为资本主义的引擎——创新也将日常化、自动化。这样一来，推进创新的企业们会随着其成功而逐渐官僚化。熊彼特的结论如下所述：

杰奥瓦尼·阿锐基
（Giovanni Arrighi）
逝世于 2009 年。意大利历史
社会学家，研究方向为政治
经济学、世界系统论。

> 资本主义企业由于它本身的成就使它的进步自动化，我们可以由此得出结论：它倾向于使自己变得多余——它会被自己的成就压得粉碎。[20]

熊彼特的"创新"这一概念最近日益受到人们关注，但是却很少有人在意这一概念通向何方。

熊彼特认为资本主义虽然能够通过创新获得成功，但仍然无法维持自身的存续，最终将会崩溃。应当如何理解这一奇妙的悖论呢？

回顾 20 世纪的历史，可以发现资本主义不但没有崩溃，还在延续、扩大。这意味着熊彼特的预言失败了吗？

但是当我们用不同的时间跨度来看时，这个问题的答案也不同。出身于意大利的约翰霍普金斯大学社会学教授杰奥瓦尼·阿锐基*在《漫长的 20 世纪》（1994 年）一书的结束语中再次提到了熊彼特的问题，并做出了如下论述：

> 本书的基本论点是，历史可能证明熊彼特不是一次正确，
> 而是两次正确。他认为，再次成功运转，完全在历史资本主
> 义的能力范围之内；这种看法当然已经被证明是正确的。但是，
> 情况很可能是，在接下来的半个世纪左右时间里，历史也会
> 证明他的看法是正确的，即每次成功运转，就为资本主义越
> 来越难以存活创造了条件。[21]

这样看来，要给熊彼特的预言下结论，可以说为时尚早。资本主
义今后将走向何方，仍然是一个重要问题。

杰里米·里夫金（1945— ）

美国经济·社会理论家、社会活动家，经济趋势基金
会总裁。凭借自身广阔的视野和广泛的科学技术知识，
敏锐地捕捉经济社会的变化动向，已出版超过 20 部著
作。最近，杰里米·里夫金作为德国总理默克尔的顾问，
提倡"工业 4.0"理论。他与其说是一名研究者，更像是一名务实的活动家，
积极地担任世界各国首脑的顾问。

不平等，我们能做什么

[英] 安东尼·阿特金森 著；王海昉 曾鑫 刁琳琳 译

中信出版社 2016 年 5 月

《21 世纪资本论》的作者托马斯·皮凯蒂的老师——安东尼·阿特金森在本作中严肃地探讨了"贫富差距"（不平等）。与皮凯蒂相比，阿特金森的论述更加多角度、多层次。当今要从经济学的角度思考不平等问题，皮凯蒂和阿特金森的书是必读的。

政治自由主义

[美] 约翰·罗尔斯 著；万俊人 译

译林出版社 2011 年 10 月

在 1973 年出版了《正义论》，在全球引起自由主义的热潮之后 20 年，罗尔斯尝试在这本书中修正自己的理论。为什么他要更改早期的正义论，这种更改又意味着什么，是否妥当。本书可以带着不同的观点去阅读。

新经济的逻辑——个人、企业和国家如何应对未来

[英] 保罗·梅森 著；熊海虹 译

中信出版社 2017 年 11 月

英国记者梅森写的后资本主义论书籍。自马克思以来，对资本主义社会的批判常见，而对取代其的后资本主义社会的构想方面的文献却不多见。过去的社会主义理论是否合理，未来将会迈向一个怎样的社会？本书也许可以给你带来启示。

　　要思考资本主义的未来，首先推荐阅读卡尔·马克思的《资本论·第一卷》（人民出版社，原著 1867 年），其次是托马斯·皮凯蒂的《21 世纪资本论》（中信出版社，原著 2013 年）。另外关于"历史终结论"则推荐阅读该理论首倡者弗兰西斯·福山的《历史的终结》（远方出版社，原著 1992 年）和批判该理论的雅克·德里达的《马克思的幽灵》（中国人民大学出版社，原著 1993 年）。此外，始于 20 世纪 70 年代的自由主义论争，现在又处于怎样的情况？迈克尔·桑德尔的《白热教室》（NHK 的一档电视节目）收获了极大反响，读者可以去看看该节目现在取得了怎样的成果。思考全球化的问题时，萨斯基娅·萨森的《失去控制？：全球化时代的主权》（Losing Control？：Sovereignty in an Age of Globalization）是一个基本的文献。而全球化常常伴随着与民族主义的对抗，关于这方面可以阅读本尼迪克特·安德森的《想象的共同体》（上海人民出版社，原著 1983 年）。虽然对资本主义的批判很多，但是关于资本主义之后的社会的构想方面的探讨，包括马克思在内，都缺少具体的内容。

第五章

人类真的
无法摆脱宗教吗？

近代是"去宗教化"的过程

　　大约一百年前，德国著名社会学家马克思·韦伯*提出，近代西方历史是合理化的过程，他用"世界的去魔术化"来表述这一历史时期的特征。实际上，进入近代后，西方形成了从宗教权威下独立出来的世俗国家，资本主义经济渗透进社会的方方面面。而且，在启蒙思想的影响下，各种宗教偏见逐渐被剔除，近代科学得以发展，这在今天已经是常识了。因此，人们认为，如若这种趋势继续发展下去，宗教的力量将逐步弱化。

　　在这种看法的影响下，到了 20 世纪，将西方近代历史看作"**世俗化的时代**"的观点逐渐普及开来。例如，美国社会学家彼得·L.伯格*将"世俗化"定义为社会与文化等诸多领域从宗教制度或其象征的支配下脱离开来的过程，认为现代社会就是这样的世俗化的时代。的确，在欧洲，基督教的作用在逐渐弱化，这是显而易见的事实。

　　然而，进入 21 世纪后，这种世俗化的趋势在世界范围内开始逆转。在南美洲和非洲，信仰宗教的人在不断增多。即使在欧洲，信仰基督教的人口比例在减少，但是信仰伊斯兰教的人口反而在增加。而在美国，主流教派的新教徒在减少，而信奉原教旨主义的福音派则呈现出增加的趋势。

　　在这种社会背景下，德国社会学家乌尔利希·贝克曾如此明确断言：

　　"21 世纪初所呈现出来的宗教回归现象，打断了至 20 世纪 70

年代为止持续了 200 多年的'世俗化理论'这一社会理念的进程。"

标志着这一变化的，是 2001 年 9 月 11 日发生的"9·11 事件"。信奉伊斯兰原教旨主义的恐怖主义分子对位于现代世界金融资本中心纽约的摩天大楼——世界贸易中心发动了毁灭性的袭击。事件之后，时任美国总统乔治·布什不慎说出了"十字军"这样的词，抛出了"基督教 VS 伊斯兰教"这样一个对立公式。这之后，由这些激进的伊斯兰原教旨主义者发动的大规模恐怖袭击在世界范围内频繁地爆发。

由此看来，将现代社会称为"**后世俗化时代**"似乎更为合适。一直以来的世俗化理论认为宗教的作用在逐步萎缩，即使这一观点适用于欧洲的基督教，但若从世界整体的情况来考虑，宗教回归现象更为显著。如果说韦伯在定义近代社会的时候提出了"**世界的去魔术化**"观点，那么现代社会里"世界的再魔术化"现象异军突起。

世界正在经历"去魔术化"，还是"再魔术化"呢？可以说，现代社会正处于这样的分水岭之上。而现代社会的顽疾，在于无法将这相互交织、相互渗透的两者清楚地一分为二。本章将就相互纠缠的两者之间产生

马克思·韦伯
（Max Weber）
德国社会学家、经济学家，主要著作有《新教伦理与资本主义精神》。

彼得·L. 伯格
（Peter L. Berger）
生于 1929 年，奥地利裔美国社会学家、神学家，代表作有与托马斯·卢克曼（Thomas Luckmann）合著的《现实的社会构建》（1966 年）等。

的各种问题展开思考，并尝试探索可能的解决之道，以期展望未来。

理性看待宗教

1985 年，德国哲学家尤尔根·哈贝马斯为批判当时世界范围内流行的后现代主义思想，对"现代"的意义进行重新思考，出版了《现代性的哲学话语》一书。在这本书的开头，他列举了马克思·韦伯的"合理化"这一概念，并论述道：

> 在韦伯看来，现代与他所说的西方理性主义之间有着内在联系。这种联系并不是偶然出现的，而是不言而喻的。韦伯把那种解神秘化的过程说成是"合理的"，在欧洲导致了宗教世界图景的瓦解，并由此形成了世俗文化。随着现代经验科学、自律艺术和用一系列原理建立起来的道德理论和法律的出现，便形成了不同的文化价值领域。[1]

根据哈贝马斯的观点，这种西方现代的合理化的过程尚未完成，必须从"理性"的视点出发将其继续发展下去。由于以上主张，哈贝马斯一般被看作"现代"派哲学家，其哲学体系中没有容纳宗教性元素的余地。但是，21 世纪伊始，哈贝马斯哲学体系呈现出大幅度的转变。尽管一直以来他都被视为现代化的世俗论支持者，但令人意外的是，他开始推进与宗教有关的对话与思考。为什么哈贝马斯会发生这样的思想转变呢？

恐怕，其原因之一在于，20 世纪末生命科学和脑科学等开始极力推崇"自然主义"，这使得哈贝马斯开始忧虑这种思潮是否有可能导致人类对人格与精神的理解产生歪曲。从现代科学的角度来看，人类也是自然界的一员，从自然主义的角度来理解人类的人格与精神也不是什么不可思议之事。然而，哈贝马斯拒绝认同这种"自然主义"的观点。而且，也正是在这样的背景下，他有了接触基督教的动机。这些变化，我们姑且称之为"后世俗化论的转变"吧。

2004 年，哈贝马斯与基督教神学家约瑟夫·拉辛格*展开对话，并于翌年以合著的形式出版书籍。拉辛格于 2005 年至 2013 年担任**罗马天主教教皇本笃十六世**，因此，他们的对话可以说具有历史性的意义（古典神学与现代哲学的碰撞）。在书中，哈贝马斯援引 K.埃德尔*的"后世俗化社会"的说法，并这样论述道：

> 这种说法并不只是单纯地揭露了这样一个事实：在越来越世俗化的社会环境中，宗教继续表现自身的魅力，社会也要意识到，今后宗教性的共同体也会在相当长的一段时间内继续存在。"后世俗化"这种说法也不只是公开表达对宗教共同体为社会再度提供理想的动机

约瑟夫·拉辛格
（Joseph Ratzinger）
生于德国。第 265 任罗马教皇（在位时间为 2005 年 4 月至 2013 年 2 月）。

K.埃德尔
（K. Eder）
生于 1946 年。德国柏林洪堡大学社会学教授，围绕欧洲的世俗化问题进行了很多思考与讨论。

和态度这一功能的感谢之意。在后世俗化社会，就没有信仰的公民和拥有信仰的公民在政治上的互相接触、交流的方式来说，那些重要的规制性的想法与提案也反映在公共意识当中……不管是对宗教来说，还是对世俗社会来说，如若两者都能把世俗化当成一个相辅相成、彼此学习的过程来理解，在面对公共场合讨论的各种各样的课题时，就可以从认识事物的角度，相互理解、接受对方的贡献。[2]

像这样，作为"世俗化的辩证法"的结果，哈贝马斯将现代定位为"后世俗化社会"，寻求理性与宗教之间的调和，但从之前的哈贝马斯哲学来看的话，这种观点是多么保守的解决方案啊。或许，正是现代的时代形势使得哈贝马斯不得不开始思想上的转变吧。无论我们如何评价哈贝马斯的这一思想转变，"世俗化—后世俗化"问题，毫无疑问是现如今迫在眉睫的课题。

从多元文化主义 * 到宗教性转变

哈贝马斯在思考现代社会的时候，提倡"后世俗化"的概念，对现代世俗主义的未来走向发出警告。但是，溯本归源，我们到底应该如何理解"世俗化"这一概念呢？随着我们对世俗化理解的差异，对后世俗化的态度也会出现反差吧。为了讨论这个问题，我想将目光投向加拿大哲学家查尔斯·泰勒（Charles Taylor）于 2007 年出版的名著《世俗时代》。

说到泰勒，在 20 世纪 70 年代开始的自由主义论战中，他从社群主义的立场出发，对自由主义和自由意志主义进行了批判。进入 90

年代后，他成为**多元文化主义代表性的倡导者**，展开了积极的讨论。

但是，进入 21 世纪后，泰勒被认为出现了"宗教性的转变"。他原本是天主教徒，虽然并没有改信别的宗教，但是之前基本上不讨论宗教问题，现在却开始从正面回应宗教问题了。也许同哈贝马斯一样，是时代形势促使泰勒产生了"宗教性的转变"。

根据泰勒的观点，**"世俗性"**这一概念，基本上包括三层含义。第一层含义是国家和教会的分离，也即**政治与宗教的分离**。由此，宗教将变得"个人化"。第二层含义是**信仰的衰退**，即作为个人空间的宗教走向衰退。与此同时，泰勒所关注的"世俗性"引申出第三层含义，即**信仰条件的变化**。在与此第三层含义的"世俗性"的联系之下，泰勒如此阐述《世俗时代》一书的旨意：

> 我想尝试的是，将我们的社会放在第三层含义内，将其作为世俗社会来讨论的可能性。换言之，我想要明确其特征并论证这样一种变化：我们正从不得不相信神的存在的社会向拥有信仰自由的社会转变。在后者当中，即

多元文化主义
（multiculturalism）
主张在拥有不同文化集体存在的社会中，各集体应该以"平等的地位"来对待彼此。

使是对最坚定的信徒来说，拥有信仰也只不过是其所做出的自由选择之一……相信神的存在，已经不是约定俗成的铁则了，如今它只不过是人们的一个选择。而且从这一点来说，可以想见，随着环境的变化，继续维持信仰将有可能变得很艰难。[3]

为了探讨这些"世俗性"的变化，泰勒以西方近代500年的历史为对象进行了分析。具体来说，公元1500年左右的时候，不信仰宗教是不可能的；与此相对，到了2000年左右，不信仰宗教轻而易举——甚至可以说是难以避免的。为什么会出现这种变化呢？

当泰勒提出这个问题的时候，他首先考虑到的是被称为"表现主义"或"表现革命"的现代的状况。根据泰勒所说，表现主义虽然以"自身本来的生活方式、表现方式"为原理，但在现代，它开始同以时尚为代表的消费者中心主义结合起来。从这一观点来看，信仰是人们为贯彻自身本来的生活方式而做出的一种选择。

需要特别指出的是，泰勒在说明现代的"世俗性"的时候，并没有否定宗教。确实，从表现主义的立场来看，**制度性宗教** * 确实在衰退，但是与个人内心结合在一起的宗教，作为人们选择的一种生活方式，开始了新的发展。这一点中，也隐藏着现代社会中**"新宗教"**得到积极响应的原因。例如，泰勒在《今日宗教的多样性》（2002年）一书中，这样论述道：

> 作为这种趋势的反映，我们可以看到，非制度性宗教，特别是起源于东方的宗教日益繁盛；新世纪中，各种各样的活动形式，连接人类主义境界和精神境界的诸多见解，以及

将精神力量与物理治疗结合起来的
众多实践，都在爆炸性地增长。不
仅如此，越来越多的人开始理解和
接受以前无法认同的观点。例如，
人们在承认自己天主教徒身份的同
时，却对其中的多数核心教义予以
排斥。又比如，有人会将基督教和
佛教结合起来，同时信仰两个宗教，
甚至会在不确定自己是否信仰宗教
的情况下进行祈祷。[4]

制度性宗教
制度化、体系化的宗教，如
基督教、佛教等。

这样来看的话，相信大家都可以理解这
一点，那就是虽然正值"世俗时代"，但是
泰勒并没有简单地倡导一种宗教衰退说。

另外，想必读者朋友们已经注意到了，
泰勒与哈贝马斯相同，基本上是局限在西方
世界来展开关于世俗化的讨论的。但是，我
们在思考今天的世俗化问题的时候，不应该
从全球化的视点出发来讨论吗？最近看到伊
斯兰原教旨主义分子引起轰动的新闻时，我
感到，局限在西方世界进行讨论是不充分的。

从世俗化理论到非世俗化理论

如果从全球化的观点来审视"世俗化"

和"后世俗化"问题,那么我们就不可避免地需要讨论彼得·伯格的观点。因为在认识现代世界的时候,伯格自己的立场出现了大幅度逆转,从世俗化理论转向非世俗化理论。那么,为什么伯格会改变自身的立场呢?

首先,在伯格1969年出版的《神圣的帷幕:宗教社会学理论之要素》一书中,如我们所见,它将世俗化定义为"社会和文化等众多领域从宗教的制度性和象征性统治地位脱离出来的过程"。与韦伯类似,伯格将西方近代解释为世俗化的过程。后来,伯格又这样重新审视世俗化理论:

> 虽然"世俗化理论"这个专门术语起源于1950至1960年间的研究,但这理论的关键概念的确可以追溯至启蒙运动。这概念很简单:现代化必然导致同样在社会和个人心灵中的宗教衰退。[5]

然而,到了20世纪末,伯格转而认为这样的"世俗化理论"存在错误。他于1999年编著了一本论文集《世界的非世俗化:复兴的宗教及全球政治》,在开篇论文中,他明确表示以前的"世俗化理论"是错误的。不仅局限在美国和欧洲,从世界范围内的全球化的角度出发,伯格认为,宗教原教旨主义之类的非世俗化运动蓬勃发展:

> 我认为,假设我们现在活在一个世俗化的世界中是错误的。除了下文即将列出的一些例子之外,今天世界的宗教狂热一如往昔,有些地方犹有过之。这是指由历史学家和社会科学家宽松地标签为"世俗化理论"的所有著述,在本质上

都是错误的。在我早期的著作中，
我曾经对这类著述很着力。⁽⁶⁾

伯格在讨论世俗化的时候，虽然将其分为社会和个人意识两个层面进行考虑，但是这两者的关系是错综复杂的。比如说，在宗教组织衰退的时候，个人宗教信仰也有可能增强；反过来，在个人并不信仰宗教的前提下，宗教组织也可能发挥着社会和政治性的作用。

不管是何种情形，我们都不得不承认宗教与现代之间的关系是错综复杂的。这些发现在我们整体把握现代世界的时候，具有十分重要的启示作用。

例如，在美国，虽然所谓主流教派——新教[*]在衰退，与此相反，福音派[*]却蓬勃发展。此外，罗马天主教在非西方地区聚集了越来越多的狂热信徒。

苏联解体后，俄罗斯东正教[*]开始复兴，在民众中传播渗透。而且，犹太教、印度教、佛教等宗教不仅没有消亡，反而展开了更加强有效的运动。此外，最引人关注的，应该是伊斯兰原教旨主义运动。

的确，仅就欧洲来说的话，世俗化正在推进，基督教所发挥的作用正在逐步减弱。

新教
16世纪西方宗教改革运动的理论支柱，强调信仰主义、圣经主义，是16世纪欧洲宗教改革运动中脱离罗马普世大公教会（大公的基督教）而产生的新宗派。

福音派
重视《圣经》教义的天主教派。

俄罗斯东正教
隶属于正教会的基督教教会，众多独立正教会之一。

但是，在欧洲之外的地区，与其说是世俗化，不如说非世俗化的狂热倾向蓬勃发展。因此，对于现代世界到底朝着哪个方向发展，难以简单地定义。

查尔斯·泰勒（1931— ）

加拿大哲学家。麦吉尔大学名誉教授。1975 年出版代表作《黑格尔》，作为一名黑格尔研究学者受到广泛认可。同时，在欧洲的现象学研究上也颇有建树。他将广义的自由主义视为人类共同生活形态的对立面，同麦金太尔一起被认为是"社群主义"的代表人物。此后，他以加拿大的社会状况为背景，倡导"多元文化主义"，强调"承认"理论的意义。进入 21 世纪后，他完成了"宗教性的转变"，出版了大作《世俗时代》。

多种宗教的共存
是不可能的吗?

不同文明间的冲突能否避免?

　　进入 21 世纪，想要脱离全球化的进程来思考宗教问题是不可行的。其原因在于，一方面，全球化促使不同地区之间形成密切的联系，另一方面，它又激化了宗教对立。当今世界，宗教运动不仅没有衰退，甚至成为一个焦点问题。

　　我们有必要在正视这一事实的基础上，来思考现代社会到底走向何处。为此，我想介绍一下美国政治学家塞缪尔·亨廷顿*于 1996 年出版的《文明的冲突与世界秩序的重建》一书。

　　这本书，是亨廷顿在 1993 年发表于美国《外交》杂志上的论文《文明的冲突？》一文的基础上，将标题中的问号删去后重新详细论述而写成的。在书中，为梳理冷战结束后的世界格局，亨廷顿将焦点放在以宗教为中心的文明上。他摒弃了弗兰西斯·福山构建的单极世界格局（自由民主主义的胜利）

塞缪尔·亨廷顿
（Samuel P. Huntington）
逝世于 2008 年。美国国际政治学家，研究领域为军政关系论、比较政治学、国际政治学。

的模型，将其分为"七个或八个"主要文明来进行考量：

> 20世纪90年代初，随着苏联解体，冷战的国际体系成为历史。在冷战后的世界中，人民之间最重要的区别不是意识形态的、政治的或经济的，而是文化的区别……人们用祖先、宗教、语言、历史、价值观、习俗和体制来界定自己。他们认同于部落、种族集团、宗教社团、民族，以及在最广泛的层面上认同于文明。人们不仅使用政治来促进他们的利益，而且还利用它来界定自己的认同。我们只有在了解我们不是谁，并只有在了解我们反对谁时，才了解我们是谁。[7]

对于亨廷顿的这种文明冲突论，以及背后的文明观，很多人提出了批判意见。例如，有人批判他的"文明"概念从本质上来说过于僵化，单纯强调与其他"文明"之间的对立。法国哲学家马克·克黑朋*在《文明冲突的幻象》（2002年）一书中做出了如上批判。在书中，克黑朋在讨论亨廷顿的"文明"概念的同时，对其文明对立公式也加以批判。他在断定亨廷顿的观点"与恐怖主义无异"的基础上，做出了如下论述：

> "基督教文明"和"伊斯兰教文明"作为两个相对封闭的整体，并不是没有任何交集或交流而对立的（恐怕从很久以前开始就不是这样的对立状态了）。这两大文明的碰撞会呈现出各种各样的形式，有时充满痛苦的历史记忆也可能残存其中，但不管怎么说，它们实际上是相互渗透的。亨廷顿无视并拒绝承认这样一个事实：伊斯兰世界的"某些东西"

已成为西方文明的一部分，同时西方的"某些东西"也成为伊斯兰文明的一部分。并且，不同文明正在这样交流碰撞，"某些东西"从一方向另一方"进行渗透"（或者已经渗透其中），也正是这种渗透引起了恐怖主义分子的怒火。既然文明的混杂交流是不可更改的历史事实，恐怖主义分子就只好采取恐怖主义手段来封存这些历史事实了。[8]

马克·克黑朋
（Marc Crepon）
法国国立科学研究中心（CNRS）研究员。在哲学与民族主义的关系等领域有著作出版。

然而，2001年"9·11事件"发生后，情况发生逆转。我们只需要读一读《文明的冲突与世界秩序的重建》中关于第二部分、第四部分内容的摘要论述，就可以捕捉到亨廷顿对于现代世界的敏锐直觉：

第二部分：

文明之间的力量对比正在发生变化：西方的影响在相对下降；亚洲文明正在扩张其经济、军事和政治实力。伊斯兰世界正在出现人口爆炸，这造成了伊斯兰国家及其邻国的不稳；非西方文明一般都正在重新肯定自己的文化价值。

第四部分：

　　西方国家的普世主义日益把它引向同其他文明的冲突，最严重的是同伊斯兰世界各国和中国的冲突；在区域层面的断层上的战争，很大程度上是穆斯林同非穆斯林的战争，产生了"亲缘国家的集结"和更广泛的逐步升级的威胁，并因此引起核心国家努力制止这些战争。[9]

　　亨廷顿在论述其文明冲突论时，**将核心要素确定为宗教**。例如，阅读以下论述的话，我们就能明白宗教的影响力是如此之大：

　　伊斯兰教和基督教（不论是东正教，还是天主教和新教）的关系经常充满风暴，彼此将对方视为敌人。自由民主主义和马克思列宁主义在20世纪的冲突，与伊斯兰世界和基督教之间持续的、深刻的冲突关系相比较，不过是一种短暂和表面的历史现象。

　　阅读这些论点，会感觉若宗教不同的话，两种文明之间就只剩下纷争、对立，甚至是战争了。那么，除此之外的可能当真是不存在的吗？接下来，我想就如何应对"文明的冲突"进行一些思考。

是多元文化主义模式，还是社会融合模式？

　　为此，我想先将目光聚焦到法国宗教社会学家，同时也在现代阿拉伯世界社会研究领域颇有造诣的学者吉勒斯·凯佩尔（Gilles Kepel）身上。凯佩尔于2008年出版了《恐怖主义与殉教》一书，并给本书取了一个副标题——超越"文明的冲突"。在书中，凯佩尔将伊斯兰原教旨主义运动划分为三个阶段，并在此基础上，构想如何同生活在欧洲的众多伊斯兰世界的人和谐共处。

在《恐怖主义与殉教》一书中，凯佩尔列举了 2001 年"9·11 事件"之后美国所反复宣扬的"反恐战争"，以及"伊斯兰主义激进派"扬言进行的"殉教作战"。他将这两者定义为"两大'大叙事'"，在此基础上，他认为这两者都在走向失败。根据凯佩尔的观点，"中东，乃至世界都受这两大'大叙事'牵连，导致不仅在政治上，在文化、经济、社会等方面都陷入了困境"：

> 在本书中，我想彻底解读"反恐战争"这样一个"大叙事"，分析逊尼派和什叶派的对立，旨在瓦解圣战和殉教的妄想。然后，我想稍微将话题延伸至有众多伊斯兰教徒居民生活的欧洲，探讨在两大"大叙事"之外是否还有别的选择。对于意识形态的幻象，为了使其能与多样而厚重的现实相对抗，首先必须将其从过于积极的媒体的大量脸谱化、标签化印象中解放出来。[10]

在这里，我想关注的是，对"已经在欧洲扎根发芽的伊斯兰居民"，凯佩尔做出了怎样的讨论。他曾表示："本书中，我将欧洲的这些现状考虑在内，并探索这样一个问题：欧洲应如何超越'恐怖主义'和'殉教'的意识形态，通过与伊斯兰居民的相处来构建一个新的厚重的社会关系。"此时，问题就变为，为了与伊斯兰居民构建更好的社会关系，应如何做才好。

在《恐怖主义与殉教》中，凯佩尔将西方社会划分为两种模式。

一种是美国、英国、荷兰等国家采用的"**多元文化主义**"模式，另一种是法国所采用的共和主义的"**社会融合**"模式。凯佩尔认为"多元文化主义"模式虽然名义上尊重差异，但是各文化之间互不交流，推行分离主义、隔离主义，结果引起了激进的恐怖主义：

> 英国和荷兰推行极端的多元文化主义理论，无视在当地居民与伊斯兰移民及定居下来的移民后代之间构建共同的身份认同的必要性。从两国实践的结果来看，此模式下形成的社会异常脆弱，无力遏止容易诱发恐怖主义的激进化趋势。[11]

凯佩尔在做出如上论述的时候，想到的是在英国和荷兰发生的由伊斯兰原教旨主义者策划的恐怖袭击。与此相对，凯佩尔高度评价了法国的共和主义的社会融合模式。法国拥有欧洲最多的伊斯兰移民人口（2003 年达 500 万人），但是 2001 年至 2008 年，却没有发生一起由伊斯兰移民引发的恐怖袭击。然而，2005 年，法国爆发了由伊斯兰移民引起的暴动。对于这起暴动，凯佩尔如何评论呢？

> 法国郊外暴动事件释放出的最强烈的信号是，法国的社会结构对于恐怖主义的渗透蚕食具有十足的抵抗力。报纸杂志轻率的大标题报道以及电视的近景拍摄似乎要让我们认为这起暴动应该被纳入"反恐战争"这样的"大叙事"下来考虑，但实际上两者完全没有关联。暴动只是表明，对于被逼迫至社会边缘的居民来说，这种社会融合存在缺陷。但是他们也同法国社会有着广泛的共同文化，他们只

是在法国社会内部提出了自己的一些诉求……这与圣战以及殉教等宣传是毫无关联的。[12]

《查理周刊》杂志社恐怖袭击事件
法籍阿尔及利亚裔移民兄弟二人袭击发行讽刺漫画周刊的《查理周刊》总部，杀害12人。

就这样，直到 2008 年，凯佩尔都一直认为法国的共和主义融合模式取得了成功。然而，到了 2015 年，即使是凯佩尔，也貌似收回了一直以来的观点。看到法国当年 1 月发生的"《查理周刊》杂志社恐怖袭击事件"*和当年 11 月发生的"11•13 巴黎恐怖袭击事件"后，我们再难启齿去说法国是唯一成功实现与伊斯兰移民间的融合的国家了。

就我们目前的理解来说，欧洲的任何地区都存在着严峻的对立。这样一来，我们只能认为，凯佩尔于 2008 年划分出的"要么多元文化主义模型，要么社会融合模型"这样一个二者择一的模式，现阶段是没有普适性的。

"个体化""世界化"的宗教可行吗？

在现代社会，信仰宗教果真只能带来对立吗？宗教是否可能发挥更加积极的作用？德国社会学家乌尔利希•贝克从这些观点出发，重新审视了宗教在现代社会的意义。同在凯佩尔出版《恐怖主义与殉教》的 2008 年，贝克出版了《自己的上帝：宗教的和平能力与潜在暴力》一书，探索宗教发展的新的可能性。

说起贝克，他在切尔诺贝利核泄漏事故发生的 1986 年，出版了《风险社会：新的现代性之路》一书，为当时流行的"风险论"再添一把火。此外，围绕对"现代"的理解，他与英国的安东尼·吉登斯*共同提倡"自反性现代化论"*，而为人所知。

20 世纪 80 年代，当后现代化论席卷世界的时候，贝克却提出现代社会不是后现代化，而是"再现代化""**第二次现代化**"。他的这一论点，在接下来论述的宗教论中也得到了继承。

贝克用"世俗化的反论"这样一个概念来解释这两次现代化。首先，在"第一次现代化"时期，世俗化发展，宗教及宗教组织的影响力开始衰退，逐步丧失存在意义。到了"第二次现代化"的现代，宗教复兴，宗教精神再度振兴。

值得关注的是，贝克并不是单纯地阐述现代世界（第二次现代化时期）的情势，还进一步从这些宗教复兴现象入手，亲自探寻新的可能性。贝克所设计、所假想的是一种怎样的宗教呢？在多种宗教原教旨主义运动在世界范围内蓬勃发展的背景下，贝克探索出了怎样的新出路呢？

需要在此明确的是，贝克在基督教的基础上，想要尽量构想出一个更加中立、更加中性的宗教。贝克所积极倡导的宗教运动有两个基本特征，具体来说，就是"**个体化**"与"**世界化**"。这是他从两次现代化的观点出发提炼出来的，即，"世界化与个体化，构成了再现代化的两大契机"。

一方面，就"个体化"来说，它原本是基督教教义之一，但是在第一次现代化时期，产生了"**个体化1**"，即**宗教内的个体化**（比如新教）。与此相对，在全球化发展的现代，即第二次现代化时期，形成了"**个体化2**"，即宗教外的个体化（"属于自己的信仰"）。而这个"个体化2"才是贝克所提倡的。值得注意的是，它并非与已有宗教的结合。

另一方面，对于"世界化"，我们应如何理解为好呢？如果从两次"现代化"之间的联系来看，第一次现代化形成了宗教性的普遍主义，而第二次现代化，将有可能形成宗教的世界化。对于二者之间的区别，贝克如此解释：

> 宗教性的普遍主义是在信教者和不信教者之间加以区别的……而宗教的世界化则是在不信教者和异教者所持有的多样性之间相互区别。他们不会将这种多样性视为自身对宗教性真理的独占的威胁，总而言之，会将其理解为个人意义上的财产，而最终会视其为一种寻常。[13]

在贝克看来，这种世界化，需要"超越

安东尼·吉登斯
（Anthony Giddens）
生于1938年，英国社会学家。作为布莱尔政权的智囊，提倡"第三条道路""超越左与右的中间道路"。

自反性现代化论
由吉登斯、贝克等社会学家所倡导的现代社会论，主张当今世界不是后现代化，而是再现代化的过程。

贝克的"两次现代化"

第一次现代化

个体的、普遍性的宗教
新教

第二次现代化

个体的、世界化的宗教
属于自己的信仰

各种互相排斥的普遍主义,各宗教相互之间认可的一种基础文化"。为此,贝克认为采用"和平代替真理"这样一个务实的立场将更为有效。但是,对于在实际操作中是否可行,贝克没有明言。

不管是基督教,还是伊斯兰教,贝克所提倡的世界化的"属于自己的信仰",果真能成为一种信仰吗?在全球化发展的现代社会,移民运动在世界范围内进行。此外,消费文化蓬勃兴起,个体化也确实得到了长足发展。尽管如此,在这样的背景下究竟能不能形成"个体的世界化的宗教",仍未可知。这样一来,我们究竟还有什么办法,来终结宗教的对立与对抗呢?

伊斯兰教与欧洲的未来

审视全球化与宗教的关系,也许可以为我们拓展一条不同于贝克的思路。为此,我想介绍一下法国小说家米歇尔·维勒贝克[*]于2015

年发表的小说《屈服》。

想必很多读者都记得，这一年，法国发生了"《查理周刊》杂志社恐怖袭击事件"。维勒贝克出版的是一本近未来科幻小说，小说中写到2022年法国出现了伊斯兰裔总统，且小说内容与伊斯兰激进派的恐怖袭击事件重合。这种一致，很难理解成单纯的巧合，所以，《屈服》在发售的瞬间就成为畅销书。

据统计，《屈服》发售后的一个月内，法国卖出35万部，意大利卖出20万部，德国卖出27万部。它很快也被译成日语，于2015年9月在日本出版。其作者维勒贝克的作品当中，《基本粒子》（1998年）、《地图与疆域》（2010年）也已经被翻译成日文出版。其作品惯于描写现代世界中人类的自由与欲望，并从正面审视人类的未来（后人类的未来）。

米歇尔·维勒贝克
（Michel Houellebecq）
生于1958年，法国小说家，诗人。主要著作有《地图与疆域》《基本粒子》等。

法国人选举伊斯兰总统？

《屈服》中"法国诞生了伊斯兰政权"这样富有冲击性的设定特别吸引眼球。我想以这本小说为线索，不仅从恐怖主义，还要从伊斯兰教与欧洲的关系的角度，来探索另一种可能的出路。

小说的情节是，伊斯兰原教旨主义稳健派"伊斯兰同胞党"（虚构）在法国诞生，在 2022 年的总统选举中，击败玛丽娜·勒庞*所领导的法国极右翼政党"国民战线"，建立了法国历史上首个伊斯兰政权。随着这一政权的诞生，巴黎索邦大学改名为"巴黎索邦伊斯兰大学"，学校里非伊斯兰教徒的教授若不改信伊斯兰教，则被解除教职。此外，女性们也脱掉西方服饰，开始披上伊斯兰式的纱巾。

主人公是新索邦大学（巴黎第三大学）的教授弗朗索瓦，他主要研究 19 世纪的法国作家若利斯－卡尔·于斯曼（Joris–Karl Huysmans）。在小说当中，弗朗索瓦异常现代（或者说后现代）的风格显得新颖，营造出虚无主义的氛围。例如，对自己所从事的文学研究，他做出如下说明，从中可以感受到他清醒的眼神：

> 众所周知，大学里的文学研究，基本上没有什么引导作用，最多也不过是让最优秀的学生能够在大学的文学部担任教职而已。这很明显是一种滑稽的局面，归根结底，它并没有自我再生产之外的任何其他目的，坦白地说，它只不过是发挥着将 95% 的学生培养成毫无用处的人的功能的制度而已。(14)

伊斯兰政权诞生之后，弗朗索瓦并没有马上改信伊斯兰教。即便如此，最终他还是决定改变宗教信仰，再次回到大学任职。在小说的最后，维勒贝克借弗朗索瓦之口说了这样一段话：

> 我成了一名穆斯林……我获得了一个新的机会。这是我的第二次人生，是与以前的人生几乎毫无关联的新

生活。

我应该没有什么好后悔的吧。⁽¹⁵⁾

玛丽娜·勒庞
（Marine Le Pen）
1968 年生，法国极右翼政党
"国民战线"前主席让－玛
丽·勒庞之女，2011 年成
为"国民战线"领导人。

这部小说的主旨是，伊斯兰政权的诞生不是因为恐怖主义，它是从国民自己的选举中产生的。在政治混乱和经济混乱的社会局面下，国民没有选择极右翼政党国民战线，而选择了伊斯兰同胞党。在法国，虽然个人主义式的"自由"渗透到生活的方方面面，但正是在这种自由的基础上，人们选择了伊斯兰政权。而且，一旦诞生了伊斯兰政权，"自由"就转变成了"屈服"，发生了反向逆转。

当然，这并不是事实，只不过是小说家想象的产物。但是，作为全球化的结果来说，这也是未来有可能成真的现实。比如，2011 年，时任法国总统萨科齐禁止穆斯林在法国国内的公路上做礼拜，但是这种现象并没有因为禁令而消亡。看到这样的情形，大约也可以预测到一些法国的未来吧。

全球化一方面催生了全球性的恐怖主义，另一方面又将"国民""国家"不断进行重组。《屈服》中所要叩问的，正是欧洲的未来。

吉勒斯·凯佩尔（1955— ）

法国政治学家，伊斯兰研究学者，巴黎政治学院教授。20 世纪 80 年代曾被人批评"研究伊斯兰激进派不过是浪费时间"，但是到了现在，这项研究已经成为理解现代社会的必要条件了。凯佩尔很早就开始着手研究现代世界的"宗教回归现象"，做出了全面的分析。他已有 5 部著作被译成日语，在思考伊斯兰问题的时候，他的书可以说是必读经典。

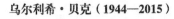

乌尔利希·贝克（1944—2015）

德国社会学家。在后现代化论流行的时候，他和英国社会学家吉登斯共同倡导"再现代论"，引起关注。在他校对《风险社会》书稿的时候，发生了切尔诺贝利核泄漏事故，"风险社会论"立刻成为热门。此后，他也开始关注恐怖主义等风险，倡导"世界风险社会论"。进入 21 世纪后，他开始关注"宗教回归"现象，出版了《自己的上帝：宗教的和平能力与潜在暴力》一书。

宗教不可能
因科学发展而消亡

古尔德的互不干涉理论

为思考现代社会中的"宗教"意义，接下来我们梳理一下科学与宗教的关系。这么做的原因是，虽然很多人认为随着科学发展，宗教将会衰退，但是在科学水平如此之高的现代，宗教依然没有如预期那般消亡。这样一来，我们就必须重新审视科学与宗教的关系。

对这个问题，各路学者们从 20 世纪末开始就展开了令人感兴趣的讨论，其开端是 1999 年哈佛大学教授斯蒂芬·杰·古尔德 * 发表的《时代的岩石：生命中的科学与宗教》一文。在美国，基督教原教旨主义运动根深蒂固，及至如今仍有不少人更相信上帝造物说，而不是进化论，这一点之后也将会进行说明。在这种情况下，古尔德以一名科学家的身份，想要尝试解答"到底应该对宗教持何种态度为好"这一问题。古尔德这样来解释他的创作意图：

斯蒂芬·杰·古尔德
（Stephen Jay Gould）
美国古生物学家，进化论科学家，科学史学家。作为一名支持进化论的学者，拥有很大的影响力。

我在本书中所要研究的问题，是"科学"与"宗教"间的对立……虽然我不知道应该怎样在科学和宗教之间搭建一个通用的说明和解释的框架，我也不知道如何才能将二者进行统一整合，但是同时，我也不理解为什么这两者必须要对立。

　　科学致力于记录自然界的事实的特点，发展出一套能够将这些事实从整体上进行解释的理论；而另一方面，宗教可以说是在人类生存的目的、意义、价值……这些与科学完全不同的领域发挥同样重要的作用。[16]

古尔德认为，科学和宗教"在完全不同的领域发挥着作用"，因此，想要统一这两大活动，使之相互对立是不可能的。而且，消灭一方，只让另一方存在的想法也是无法实现的，倒不如让两者遵守各自的活动领域，对对方采取不干涉的态度。他将这称为"NOMA 原理"（不重叠的教诲权）：

　　我认为，带着敬意的不干涉——两者分别承担着人类存在的两大核心方面，同时两大核心方面中的个别主体之间的密切交流可以不被干涉，这样的核心原理，可以用"NOMA原理"（Non-Overlapping Magisteria），即"不重叠的教诲权"这样的词汇来进行总结。[17]

在这里，古尔德使用了"教诲权"（magisteria）这样一个古老的拉丁词汇，它的意思是"一种教诲方法，成为一种有意义的对话及解决问题的合适工具的领域"。通过借用这些词汇，古尔德这样来定义科学与宗教的区别：

理查德·道金斯
参见 091 页。

> 科学的教诲权所覆盖的是经验领域，比如宇宙是如何形成的（事实），为什么会变成这样（理论）。与此相对，宗教的教诲权在终极意义和道德价值等问题上扩展。这两者的教诲权既不互相重叠，也并没有包罗所有的问题。[18]

古尔德关于科学—宗教关系的见解，看起来是非常务实且稳妥的。在防止宗教对科学进行干涉的同时，也认可了宗教的存在意义，某种意义上来说，它提倡一种"成熟的态度"。

无神论者道金斯的宗教批判

但是，同是致力于进化生物学研究的牛津大学教授理查德·道金斯*，则对古尔德的 NOMA 原理进行了严厉批判，将宗教当作一种"妄想"进行排斥。说起道金斯，他于1976 年出版了《自私的基因》一书，成为进化生物学的一大热点。这次，他对宗教进行了"宣战"。由此，他于 2006 年出版的《上帝的迷思》一书，不仅在美国、英国，乃至在世界范围内都成为畅销书。

书的标题中使用的"迷思"（delusion）一词，虽然与精神疾病的症状有关，但道金斯将其与罗伯特·M.皮尔斯格[*]的《禅宗修行和摩托车维护技术》中的如下一节内容结合在一起。看了那部分描述后，就可以很好地理解他的观点了：

> 当一个人遭受 delusion 的痛苦时，这被称为精神错乱。
> 当许多人遭受 delusion 的痛苦时，这被称为宗教。[19]

为了展开其宗教批判，道金斯将古尔德的 NOMA 原理批判为"广泛的谬误"。与古尔德不同，道金斯在将宗教的主张视为假说的基础上，来讨论其在科学上是否正确。道金斯认为，宗教所主张的，大致可以划分为两个观点：其一是神是客观存在的"上帝假说"，另一个是道德的根据在于宗教的**"道德假说"**（此说法由笔者提出）。首先，让我们来看一下"上帝假说"以及道金斯对此的结论：

> 我只是以更为雄辩的方式来定义上帝假说：存在一个超人，一个超自然的智能存在，他精心设计并创造了这个宇宙以及其中的万物，包括我们自身。
>
> …………
>
> 宗教的实际性前提——上帝假说——就站不住脚了。上帝几乎就是不存在的。这就是本书到此为止的结论。[20]

就这样，在科学地反驳了神明存在的宗教之原理假说后，道金斯进一步探讨了"道德假说"。因为，人们可以坚持说，即使神明不存在，宗教对道德来说也是很重要的。古尔德在 NOMA 原理中，也将"道德价值"领域定义为宗教的教诲权。

但是，道金斯认为，基于宗教的非道德的残酷暴行一直在反复上演。道金斯援引了《圣经》和《古兰经》中的具体内容，列举了很多基于宗教的非道德行为。由此，他坚决否定了宗教的道德属性。相反，道金斯认为**即使没有宗教，人类也会遵从道德行事**。

道金斯自己也坦承，他的这些宗教批判，是受到基督教和伊斯兰教的原教旨主义运动的刺激而产生的。从这个意义上来说，我们可以将道金斯的宗教批判行为看作是"后世俗化"现代社会中力图恢复世俗化意义的运动。虽然我们不清楚他的宗教批判到底有多大的影响力，但是从他的《上帝错觉》在世界范围内卖出了 150 万册来看，毫无疑问，科学与宗教的关系在现代社会依然是很重要的课题。

从自然主义的角度来认识宗教

在道金斯出版《上帝的迷思》的同一年，世界著名的美国哲学家丹尼尔·丹尼特出版了《破除魔咒：作为自然现象的宗教》一书。

罗伯特·M. 皮尔斯格（Robert M. Pirsig）生于 1928 年，1974 年出版的《禅宗修行和摩托车维护技术》在美国成为畅销书。

如果说道金斯是将宗教与科学对立，从科学的立场来批判、瓦解宗教的话，那么丹尼特的做法就可以说是完全相反了。丹尼特并没有像道金斯那样批判宗教。例如，丹尼特如此阐述他的写作意图，其与道金斯的不同一目了然：

> 对于当今世界性现象的宗教，我们必须集结世界上所有的智慧，来进行彻底的国际性的研究。为何？因为宗教对我们是如此重要，我们不能容忍自己继续对它一无所知。宗教不仅对我们的社会、政治、经济等领域的纷争有着相当的影响力，而且与我们发现自己的人生意义也息息相关。[21]

尽管丹尼特如此直白地强调了宗教的重要性，但是从某种意义上来说，他的著作比道金斯更加具有宗教批判性。在其标题为《破除魔咒》（*Breaking the Spell*）的书中出现的"魔咒"（spell）一词同样也意味着一种陶醉感，这种陶醉感包括狂热地爱好音乐、吸毒成瘾、酗酒等。因此，"破除魔咒"也就等同于"唤醒陶醉"。将痴迷于宗教的人从陶醉状态中唤醒，这就是丹尼特的目的所在。正因为如此，丹尼特才这样说：

> 一直以来，科学家和其他领域的学者们在宗教问题上似乎达成了协议，约定要么不去触碰宗教问题，要么浅尝辄止。为何呢？因为只要你稍微显露出要进行彻底探问的念头，似乎就能在现实里掀起腥风血雨。现在，我要打破这种执迷观念，探索讨论宗教问题。[22]

那么，该怎么做才能从"宗教的陶醉"中"清醒过来"呢？在这本书中，丹尼特所采取的方法是，**将宗教当作众多的自然现象之一**，从科学的角度对它进行研究。也就是说，不是将宗教与科学对立，而是利用科学来弄清宗教这一"自然现象"的真面目。丹尼特如此描述他的方法：

模因（meme）
道金斯创造的概念，遗传基因之外的遗传信息。文化传播与复制的基本单位。

> 值得注意的是，即使上帝真的存在，即使上帝真的是值得我们热爱的造物主，即使上帝真的是有智慧有意识的造物主，即使以上这些都是真的，我们还是应该将宗教看作诸多现象的复杂结合体，将其看作完全的自然现象。[23]

的确，如果宗教是一个自然现象的话，那么可能真如丹尼特所说的那样，利用自然科学的方法可以彻底弄清它的真面目。为了实施这些探究行动，丹尼特站在进化生物学的角度，引用了道金斯所提出的文化复制因子"模因（meme）"*这一概念。

然而，根据这一方法，基督教和伊斯兰教的原教旨主义者实际上是否能够破除宗教的魔咒（陶醉）还是一个疑问。也就是说，能否将宗教当作自然现象来进行科学解释这一做法本身就存在着问题。虽然我能够理解丹尼特的意图，但是利用自然科学来弄清宗教？我对此持怀疑态度。

上帝造物说与新无神论

进入 21 世纪后，道金斯和丹尼特等人进行的宗教批判运动，一般被称为"新无神论"。那么宗教有没有因为这些批判而威信扫地呢？在思考这个问题的时候，让我们再将目光转向第一章中介绍过的德国青年哲学家马尔库斯·加布里尔，看看他在 2013 年出版的《为何世界不存在》一书中的论述。

在加布里埃尔看来，现代新无神论所批判的对象，实际上是一部分美国人。这些人认为，"上帝在基督诞生数千年前的某个时刻创造了宇宙和动物，因此，进化论和现代宇宙论是错误的"。因此，他们相信上帝造物说比自然科学更能解释自然。

对于这种上帝造物说，新无神论批判它"只不过是单纯的假设——说明而已"。加布里埃尔也对新无神论的这种观点表示赞同。但是同时，他又对上帝造物说做出了如下评论：

> 上帝造物说不是值得认真对待的科学假设，它是人类根据自己的想象力而肆意编造出来的，而且也不是很早就产生了的。它最早出现是在 19 世纪，特别是在英美的新教徒当中。幸运的是，上帝造物说在德国并没有起到什么重要的作用……上帝造物说并不是宗教的自然要素，而是其迷信的一种表现形式。[24]

从这里我们可以看出来，新无神论虽然批判了上帝造物说，但是**其效果并没有威胁到基督教的根本**。这又是为什么呢？

　　确实，《圣经》的开篇《创世纪》当中写着："起初，神创造天地。"对于这句话，上帝造物说和新无神论都将其作为科学的假设而予以接受。但是，加布里埃尔认为，这种理解已经被犹太教和基督教"最早的形而上学的注释者"给否定了。而且，新无神论虽然批判了基督教原教旨主义（主张"上帝造物说"）的信仰，但是对没有采信上帝造物说的宗教毫无影响力。

　　不止如此，加布里埃尔还认为，意图将世间万物都以"自然科学"的标准进行思考的新无神论观点，暗藏着危机。因为，有太多的现象是自然科学的标准无法解释的。加布里埃尔举了"国家"为例，做出如下说明：

> 　　"国家"是不是破坏自然法则的超自然现象呢？如果说自然属性的标准是可以利用自然科学来进行研究的话，那么"国家"就和"上帝""灵魂"一样，只不过是一种超自然现象了。对于世上存在着"国家"这一假设，无法用自然科学来进行判断，那么它就是非自然的，甚至是完全虚构的了，是这样吗？[25]

　　在这里，加布里埃尔所主张的是，**用自然科学来解释一切的做法是行不通的**。在理解国家的原理、功能的时候，即使想用自然科学来说明，也是毫无收获的。原本，国家从物理形态上来说就是不存在的。这样的话，对于"日本这个国家是存在的"这个假设，由于其在物理形态上并不存在，难道就要得出它是不科学的、错误的——这样的结论吗？

即便可以利用自然科学来解释一些领域，这些领域也无法囊括所有事物。实际上，上帝造物说和新无神论都用自然科学来解释宗教，从两者的这一思考方式来说，它们是站在统一战线上的。

这样来看的话，批判上帝造物说的新无神论，也不能解决宗教的问题。要想弄清、解决宗教问题，似乎还需要自然科学以外的别的方法。

圣保罗

[法] 阿兰·巴丢 著；董斌孜孜 译

漓江出版社 2015 年 1 月

作为无产主义哲学家，巴丢虽年事已高，但仍保持着年轻时革命性的老骥伏枥之志。作为思辨实在论创立者甘丹·梅亚苏的老师，他近来也受到极大关注。他选取基督教历史上讨论较多的圣保罗来展开论述，具有极大意义。巴丢对圣保罗做何解释，从中能找出基督教的哪些新发现？这本书令人兴趣盎然。

宗教

[法] 雅克·德里达、[意] 基阿尼·瓦蒂莫 主编；杜小真 译

商务印书馆 2006 年 11 月

本书是两位后现代主义哲学家的对谈录，同时收录其相关论文。瓦蒂莫是天主教徒，让他同德里达讨论宗教有些出乎其意料。二人都主张宗教解释问题上的多样性，批判绝对真理。两人之间会展开怎样的讨论？令人兴趣满满。

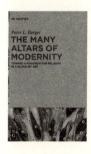

The Many Altars of Modernity: Toward a Paradigm for Religion in a Pluralist Age / 现代性的多种祭坛：多元时代的宗教新范式刍议

Peter L.Berger / [美] 彼得·L.伯格 著

De Gruyter / 德古意特出版社 2014 年 8 月

伯格在 20 世纪末编纂著作的卷首论文中承认之前的"世俗化理论"是错误的，提倡将现代社会当作非世俗化社会理解。他在此想法下出版本书。世俗化理论演变自然涉及近代到现代的理解。讨论现代社会宗教的意义绕不开其观点。

　　现代社会究竟是"去魔术化"还是"再魔术化"的过程？思考该问题，我们必须认真研读该讨论的先锋马克思·韦伯的《以学术为业》（见商务印书馆《学术与政治》，原著出版于 1919 年）。与之前不同，现代社会中的宗教复兴现象最近慢慢成为常识。安东尼奥·奈格里和麦克尔·哈特合著《帝国》的总结也提到"阿西西的圣弗朗西斯科的传说"。不仅是巴丢的《圣保罗》，意大利现代哲学家吉奥乔·阿甘本（Giorgio Agamben）的《剩余的时间：解读〈罗马书〉》（中央编译出版社，原著出版于 2000 年）也将焦点放在圣保罗身上。后现代主义哲学家、马克思主义学者特里·伊格尔顿（Terry Eagleton）也出版了《理性、信仰与革命：对上帝之争的反思》（2009 年）。在这种形势下，宗教问题在当今依然十分重要。那么我们该如何回避当今愈演愈烈的宗教对立？尤尔根·哈贝马斯的《在自然主义与宗教之间》（上海人民出版社，原著出版于 2005 年）论述的就是该问题。

第六章

人类
为何要保护地球？

为何
要保护环境？

　　1970 年以来，地球环境问题逐渐成为人类面临的一大重要问题。以联合国为代表，许多国家和国际组织都针对该问题进行了多次讨论。正如大家所熟知的 2015 年末在法国召开的 COP21*，在此次会议中，与会者们提出了要以新体系来代替 20 世纪末签订《京都议定书》的主张。

　　地球环境问题，其实已是一个老生常谈的话题了。让我们来看一看丹麦政治学者比约恩·隆伯格（Bjorn Lomborg）于 1998 年出版的这本《怀疑的环境保护主义者》（英文版出版于 2001 年）。这本著作一经出版就在世界范围内引起了强烈反响，当中有一部分是这么描述的：

　　　　地球环境正逐渐恶化，资源正慢慢枯竭。人口不断增加，粮食产量却在减少，大气和水污染也越来越严重。地球上的物种正以惊人的速度缩减，人类活动每年将导致 4 万种以上的生物灭绝。森林退化、渔业萧条、珊瑚礁大量死亡……人类给地球带来了不可逆转的污染与破坏。肥沃的土地从地表消失，取而代之的是人类活动留下的满目疮痍。猎杀野生动物，破坏生态平衡，到头来必将把屠刀架到自己的脖子上。地球的生态体系正在遭受破坏，我们正不断接近地球的最大承载量，逐渐看到地球所能承担的人类增长的极限。[1]

如果仔细阅读这么一段描述，你估计会觉得人类不久就会走向灭亡。事实上，这些内容还是有些偏离地球环境的真正现状，但不知从何时开始，这已成为现代人的共识。举个例子，美国原副总统艾伯特·戈尔[*]拍过一部名为《难以忽视的真相》的电影。他在世界范围内举行演讲，为**全球变暖问题**敲响了警钟。通过这些活动，他在 2007 年与 IPCC[*] 一起获得了诺贝尔和平奖。但在这部著作当中，还是存在事实偏差以及夸张的现象，并不能最真实地反映出地球的现状。话说回来，人类真的会像众多描述中那样由于环境破坏而走向灭亡吗？

为了弄清这个问题，本章将会从"为何进入 20 世纪后半叶后，地球环境问题成为关注焦点"这一角度去讲述。人类开始重视地球环境问题与近代社会的变化密不可分，也正是因为这种变化，我们可以从那些环境悲观论中跳出来，去展望更加美好的未来。

以人类为中心的思想是否会破坏环境？

地球环境开始被人们所重视与一名科学史家林恩·怀特[*]于 1967 年在《科学》杂志

COP21
即第 21 届联合国气候变化大会，是由二氧化碳排放大国领导人举行的会谈。

艾伯特·戈尔
（Albert Gore）
生于 1948 年，美国政治家，曾担任美国副总统。在全球气候变化与环境问题上的贡献受到国际的肯定。

IPCC
联合国政府间气候变化专门委员会，是从事收集与整理全球变暖问题相关科学研究的政府机构。

林恩·怀特
（Lynn White）
逝世于 1987 年。曾是加利福尼亚大学洛杉矶分校历史学教授，专业是中世纪欧洲农业技术史。

上发表的论文《生态危机的历史根源》密切相关。该论文于次年被收录于《机械与神》，对 60 年代末的社会运动产生了重要影响。

在这篇论文中，林恩·怀特写道："人类进入 20 世纪的后三分之一后，生态问题将会逐渐升温。"具体阐述如下：

> 人口激增，无序城市化中的城市病，固体液体垃圾的地质沉积——只有人类才会如此迅速地不择手段地糟蹋自己的家。 [2]

那么出现这些生态危机的原因究竟是什么呢？林恩·怀特认为，以前的人类是大自然的一部分，但是到了 18 世纪中期，由于科学与近代技术的融合，人类开始榨取自然：

> 直到四代人之前，西欧和北美才让科学与技术成功联姻，这个结合在理论上和经验上向我们的自然环境靠近了。18 世纪，存在于化学工业中的培根哲学——科学知识就是统治自然的力量，到 1850 年前后才被广泛传播。它作为一种行为模式被大众接受，是人类历史上自农业出现以来最重大的标志性事件，对非人类的地球史也具有同样震撼的里程碑式影响。 [3]

这些言论从某种程度上来说都是陈词滥调，早已成为人们的共识。近代科学技术的发展造成了自然界的污染，这样的观点被广泛接受。但是林恩·怀特在这里将观点联系到了基督教上。比如他主张科学技术进步的源头有基督教思想做支撑——认为人类既然已经超越了自然，同时也就拥有了对自然的支配权——
这就是以人类为中心的思想。

林恩·怀特认为，**基督教是以人类为中心的宗教**，人类为了一己之利榨取自然资源皆为神的意志，到了19世纪中叶，在这样的宗教思想之下，科学与技术走向融合，给生态环境带来了危机。

林恩·怀特的这种将环境破坏的原因归结为人类至上主义的主张，现在看来或许已经是毫无新意的言论，但在当时还是招致了社会上的强烈反对，因为一直被视作支撑西方世界根基的基督教和科学技术却被认定成了环境破坏的根本原因。在这篇论文之后，这种观点一直作为生态危机出现的原因，成为学者们批判人类至上主义时议论环境问题的基石。

"土地伦理"与"土地伦理学"

在19世纪60年代生态危机理论被提出的同时，**环境保护的思想**也渐渐形成。在这个过程当中，有一个人物起到了重要作用，他就是美国的奥尔多·利奥波德*。在20世纪初，他曾经从事森林管理方面的工作，并且基于自身在该方面的经验，于1949年汇

奥尔多·利奥波德
（Aldo Leopold）
美国作家、生态学家、森林管理员、环保主义倡导者。代表作《沙乡年鉴》的销量在200万册以上。

编出版了著名的《沙乡年鉴》。但令人遗憾的是，他本人在该著作出版前就离开了人世。

这本著作在刚问世时几乎没有受到任何的关注。到了19世纪60年代末，利奥波德的思想开始受到关注。在此之后，他逐渐被人称为环境的预言家。美国的环境思想史学家罗德里克·纳什*这样说道：

> 奥尔多·利奥波德是现代美国发展环境伦理学的开创者之一；他在这方面的声誉今天还很少有人能与之媲美。不过，他只用《沙乡年鉴》（1949）——这是一本他生前未能看到出版的著作——一书结尾部分25页的短小篇幅对"大地伦理"做了扼要阐述；他所获得的巨大声誉也归功于这25页的内容。尽管如此，20年后，利奥波德的这一论述却成了美国历史上最激进的环境主义运动的思想火炬。[4]

那么奥尔多·利奥波德的主张究竟是什么呢？他提倡"**土地伦理**"这一概念，要求不仅在对待人类时要考虑道德因素，对待自然时也要如此。根据利奥波德的观点，土地伦理就是要扩大共同体这个概念的圈子，这个圈子应当包括土壤、水、动植物。这么一来人类也仅仅是自然界的一位平民，而非自然界的征服者，人类在自然界的特殊地位也就不存在了。

利奥波德的另一个观点是主张自然界的生态平衡，追求生态体系的价值基准。依据"**生态学良心**"，他阐述了以下原则："事物的发展应当建立在维护生物共同体的整体性、稳定性的前提下，否则就会驶入错误的方向。"利奥波德推翻了之前的人类中心主义的自然观，坚持以生态体系为根本的原则。

对于这种思维方式转换，利奥波德在"土地伦理"的最后部分深刻地道出了这样的区别：

罗德里克·纳什
（Roderick Nash）
加利福利亚大学圣巴巴拉分校名誉教授。研究美国人的精神与环境联系。

众所周知，资源保护主义者之间存在着意见分歧。从表面上看，这让人困惑，但在仔细观察后就会发现，在许多专门领域中都存在着对同一问题的分歧。我们将分歧分为 A 组与 B 组。A 组的人认为土地就是土壤，其功用就是生产商品；B 组的人认为土地是生物体系，有更广泛的功用，但是广泛到什么程度，没人能说得清楚。[5]

一般认为，A、B 两个团体是彼此对立的。一方是只追求经济利益的人类中心主义，另一方是重视环境价值的非人类中心主义（或者说生态平衡主义）。二者是不可共存，只能取其一的关系。人们认为，要想保护环境，就必须否定其经济利益。

"深生态学"的功与过

如果将这种思想极端化，就会发展出"深

生态学"这一激进的环境保护思想。深生态学由挪威哲学家阿恩·纳斯*于1973年提出，他的这一思想在20世纪70年代对美国的环境保护运动产生了深远的影响。话说回来，深生态学究竟是一种怎样的思想理念呢？

纳斯将生态学从内部划分成了两类，即"浅生态学"与"深生态学"。与环境污染和资源枯竭做斗争，将发达国家的人口健康与多样性作为中心目标，这就是浅生态学。与之相对应的就是深生态学，深生态学是一个完全不同的领域，我们应当如何去理解这个"深"字呢？

纳斯对此是这么解释的。首先"深"作为一个形容词，它所强调的就是看到别人看不到的问题，要有一个深刻钻研的态度。这才是"深"的本质要求。深生态学需要深刻研究的一个问题就是人类中心主义。虽然稍显啰唆，但基本概念算是解释清楚了，那接下来就引用一段文字：

> 对于生态学的野外研究者来说，任何事物都被平等地赋予生存权，这一点是毋庸置疑的。如果认为只有人类拥有这个权利，那么就会陷入人类中心主义，对人类自身的发展也会带来不好的影响。为什么这么说呢？因为人类自身的生存本质在于与其他物种和谐共处所带来的满足感。如果我们忽视人类与其他生命相互依存的关系，而是试图同其他生命建立主从关系的话，就等于在将人类自己从自然这一整体当中分离出去。(6)

到这里我们可以明白，深生态学从根本上批判了人类中心主义，它主张的是"生态中心平等主义"。纳斯认为，从原则上来说动植物都是平等的。不仅如此，他还将这种平等主义进一步扩展，认为包括河流（流域）、景观、文化、生态系统（地球）这些在生物学界被归为无生命范畴的一切存在物也都是平等的。

也就是说，人类赖以生存的环境是一个整体，每一个部分都与人类有着相同的价值，都应该受到同等尊重。下面的这段描述应该可以传达深生态学的思想主张：

> 现在的地球已是满目疮痍，我们应当与生活在这个地球上的所有生物分享一切。要与每一个生物个体、动植物群体、生态体系以及一直以来孕育我们的地球融为一体，只有这样我们才能实现分享。[7]

从这些主张来看，深生态学或许并没有什么特别的地方，与人们想象中的普通生态学似乎也是大同小异。其实一说起环保和生态学，可能有不少人觉得就是要抛弃现代的便利生活，回到以往的农牧生活当中。

深生态学也存在这样的思想。但是我们可以反过来想想：就算人类放弃现代生活，就一定能实现环境保护吗？我们来看看纳斯

阿恩·纳斯
（Arne Næss）
挪威哲学家，以提出"深生态学"闻名于世。

脑海中的理想世界：

> 深生态学中……有一个目标，就是在保证人类可持续发
> 展的前提下将人口降至最低。**如果要保持 100 年以前的文化
> 多样性，那么至少需要 10 亿人口。**保持生物多样性的必要
> 性已不必多说，保持人类文化多样性也十分重要。[8]

但现如今，地球人口已突破 60 亿[*]大关，要怎样才能减少到 10
亿人口呢？

现在一谈起生态学，就会冒出"与自然和谐相处""保护地球"
这样的口号。此外，认为人类是破坏自然的元凶的人也不在少数。这
种思想的根源就在于深生态学。

但是，这种深生态学究竟能起到多大作用仍然存疑。先抛开可行
性不说，其思想理论本身就存在一些问题。

环境论的实用主义转变

环境保护无关道德

在 20 世纪 60 年代环境保护主义盛极一时的背景下，进入 70 年代后，在美国诞生了一门新学问——"环境伦理学"。一直以来，说到伦理学，人们普遍认为它是一门梳理人与人之间关系的学问，但是环境伦理学出现后，人对自然环境产生的影响也被作为一个新课题进行研究。因为作为自然界的一员，人类的哪些行为对环境有益，哪些行为对环境有害，都是值得讨论的内容。

最初，环境伦理学也受到了"土地伦理""深生态学"等观点的影响，其主流思想是批判"人类中心主义"，提倡"生命中心主义"和"生态中心主义"。一些极端的观点甚至主张为了保护环境可以牺牲人类的生命，表现出一种"环境法西斯主义"的倾向。

但是，对于如何将这些主张具体地应用实践，环境伦理学者们却几乎毫无建树。不管他们如何激烈地批判人类中心主义，如何

60 亿
据联合国人口基金会统计，全球人口在 2011 年 10 月 31 日已达到 70 亿。

——译者注

强调自然的价值,在处理环境问题的现实性的具体政策方面,环境伦理学几乎毫无影响力。因此,进入20世纪80年代后,环境伦理学也逐渐丧失了其最初的魅力。

然而,当我们反观现代社会的实际情况时,可以发现环境危机并未解除,甚至可以说是愈发严重了。在这种情况下应运而生的是"环境实用主义"思潮。这种趋势是以1996年出版的论文集《环境实用主义》为契机而广为人知的。我们来看一下由编者们(安德鲁・莱特和埃里克・卡茨)撰写的序言,就可以理解这一思想产生的背景了:

> 环境伦理学现在面临着一个尴尬的局面。一方面,它通过分析人类与非人类的自然之间的道德关系,取得了重要的进步……但是另一方面,环境伦理学这门学科对于环境政策的制定,究竟有什么样的实际影响呢?对此,我们实在不敢恭维。环境哲学家们在自身学术界内部的争论上,兴趣十足,交锋激烈,但是对于科学家、社会活动家、政策制定者等其他环境相关人士,他们的观点主张没有任何实质性的影响力。显然,环境伦理学内部的各种想法,没有实际应用价值。[9]

那么,旧有的环境伦理学的缺陷在哪里呢?为什么环境伦理学在实践中没有取得实际性的进展呢?对此,安德鲁・莱特和埃里克・卡茨是这样论述的:

> 原因之一,恐怕在于方法论和理论上的教条主义。环境伦理学的主流观点中……存在着这样一个共识……即,合理而有效的环境伦理学,应该吸收非人类中心主义、整体主义、道德

一元论等理论，并且，还应该确定某种内在价值。[(10)]

一直以来，当我们提倡保护环境的时候，环境伦理学总是扔给我们这样一个必须二者择一的选择题：人类中心主义或者非人类中心主义，人类的经济利益或者自然的整体生态利益。环境伦理学一直呼吁我们重视非人类中心主义和自然生态。但是，这样的主张缺乏现实可行性，在实际的政策制定中无法发挥作用。这时，形势要求我们反思：在制定更加具有现实可行性的环境政策时，我们需要怎样的理论。

经济活动与环境保护是对立的吗？

对于旧有的非人类中心主义的生态学观点的批判，不仅存在于环境实用主义理论中，也存在于除此之外的其他领域。例如，对主张无视人类经济利益的狂热生态学运动，经济学家兼伦理学家阿马蒂亚·森做出了如下批判：

> 工业发展、能源消费、大规模灌溉、商业性的森林砍伐，对自然来说确实并不是好事。认为经济发展就是造成环境破坏的原因的这种想法，表面上看起来是有可能成立的。但是，另一方面，试图推广反经济发展主张的狂热的生态运动活动家，也经常为社会所诟病。这种将减少贫困、发展经济，同推进生态改善、保护环境这两者视为一种对立关系的观点，从根本上来说就是错误的。我们不仅不应将经济发展与环境保护相对立，反而应该将两者结合起来，实现平衡发展。我们应该认识到，经济发展最终是一个树立责任感的过程，经济发展的巨大力量

不仅不会破坏环境，反而可以用于保护和改善环境。(11)

　　在这里，阿马蒂亚·森想要告诉我们的是：我们不应该把经济与环境对立起来，而要将两者结合起来。但是，问题在于，怎样才能将经济与环境结合起来呢？

　　现在让我们将视角转向**"生态系统服务"**（ecosystem services）这一观点，它是试图将经济与环境保护结合起来的尝试之一。这种观点是21世纪伊始以联合国为中心倡导的，该观点意味着"人类将从生态系统中获得所有直接和间接惠益"。

　　这种"生态系统服务"，一般可分为四个方面进行讨论：①供给服务，如提供粮食、水、木材、纤维、基因资源等；②调节服务，如调节和控制气候、洪水、疾病、水质等；③文化服务，如带给人娱乐体验、审美享受、精神满足感等；④支持服务，如促进土壤形成、授粉、营养循环等，帮助形成其他生态系统服务的基础。

　　从这里我们可以看出，这种观点将**"生态系统"这种环境价值，同代表着人类经济利益的服务结合起来**。沿着这一方向，1997年刊载于《自然》杂志的论文，对生态系统服务的全球性规模的经济价值进行了研究。罗伯特·康世坦扎*等环境经济学家，在《全球生态系统服务与自然资本的价值估算》这篇论文中，将生态系统服务划分为17种，分别计算了它们在全球范围内的经济价值。根据这篇论文，全球生态系统服务的经济价值，每年约为16万亿美元至54万亿美元，平均约为33万亿美元。

　　值得说明的是，这次对生态系统服务的经济价值评估，有很多地方尚不明确，给出的评估价值只是一个最小数字。而且，随着研究的深入，可以预见评估价值将会进一步提升。即便如此，这一数字也绝不是一个小数目，因为当时全球的国民生产总值（GNP，按当时的标准）的年度总额，大约为 18 万亿美元。从这两个数据的对比中，我们可以看出，生态系统服务获得的评价是相当之高的。所以，康世坦扎教授的研究团队，得出了如下结论：

> 我们的研究清楚地指明了生态系统服务是地球贡献于人类福利的一个重要部分。[12]

不过，康世坦扎等人究竟是如何对生态系统服务进行评估的呢？近年来比较受关注的是 CVM（条件价值评估法），即通过问卷调查，询问调查对象"为了保护环境愿意花费多少资金"，得出支付意愿（willingness to pay），从而评估环境的经济价值。康世坦扎等人的评估，基本上也是采用的这一方法：

> 我们综合使用的许多评估技术都直接或间接地基于个人对生态系统服务的支付意愿的估计。[13]

康世坦扎等人也意识到了这一研究方法存在缺陷，即便如此，他们通过对生态系统服务进行评估的方法，将环境的价值以客观

罗伯特·康世坦扎
（Robert Costanza）
生于1950年，美国经济学家。研究方向为环境经济学。因"生态系统服务"方面的研究而广为人知。

的形式表现出来，就已经具有了重要的意义。可以说，在现代社会，将环境价值与人类经济利益对立起来的观点，已经是不可行的了。

环境实用主义主张什么？

对于这种环境评估法，环境实用主义者们是如何看待的呢？其代表人物之一的布莱恩·诺顿（Bryan Norton）于 2005 年出版了杰作《可持续性：一种适应性生态管理哲学》，旨在探索环境与经济的结合。例如，诺顿在书中这样写道：

> 同大多数环境伦理学家一样，我并不排斥将经济学作为环境评价基础的研究方法。或者更明确地说，我相信，**经济学在环境评价方面，提供了一种重要的视角**。[14]

这一态度，也同样适用于被称为 CVM 的条件价值评估法。从诺顿的角度来说，对环境采取"经济学式的解读，以及条件价值评估研究的价值"，是不可否认的。尽管如此，诺顿还是对以经济学的方式来解读环境价值的研究方法，表明了自己的批判立场。其理由为何？诺顿援引"一元论"和"全面性"等概念，做出如下论述：

> 我的批判，主要是针对这种经济学评估既可以是一元论（将所有环保商品都看作经济性的消费品来进行解释）的，同时在环境价值上又可以提供一种全面性的处理方式而言的。[15]

在这里，他主要批判的是这样一种观点：只需要利用经济学上的评估方法就可涵盖环境的所有价值。利用货币金额来评估生态系统服务，意味着只从经济学的角度来判断环境的价值。在此之前的观点中，一般认为环境的价值在于经济范畴之外。而现在，又可以从经济学的角度来评估环境的价值了。由此，经济学似乎包括了环境。但是，这种方式在诺顿看来，其立场与之前（非人类中心主义）完全相反，似乎预示着"一元论"已经卷土重来。

对此，作为一名环境实用主义倡导者，诺顿严厉地批判了"一元论"，提倡"多元论"，主张从不同的立场和方法来进行研究：

> 我们认为，所有的文化都可以从多元论的角度出发，对自然和自然过程采用多种多样的方式进行价值评价。作为第一步，我们必须发展出足够丰富的词汇和功能尺度，来表现这些多样的价值。我们就是这样来构筑多元论的，并将其作为一个工作假说。[16]

为了具体理解多元论，我们可以来思考这样一个例子：是否应该保护作为水鸟栖息地的湿地？从人类中心主义的立场来说，有人主张应该开发湿地；而从渔猎的乐趣出发，有的人类中心主义者也会主张保护湿地；此外，从非人类中心主义的立场出发，也会有社会活动家呼吁为了保护生态系统，应该推进自然保护运动。这些不同的人，可以从各自不同的价值评价立场出发，来讨论同一个问题。

从这种多元论的角度来看，以货币价值来评估生态系统服务价值，虽然是解读环境价值的方法之一，但是仅以此是不能够完全概括环境的价值的。认为仅以一个标准就可以评估环境价值的想法，最终只会陷入一元论的还原主义误区。

　　这样看来，在思考环境价值时，我们需要一种不同于经济学分析的方式。为了探索这个问题，接下来我们将目光转向"风险社会论"。

布莱恩·诺顿（1944— ）

美国哲学家。佐治亚理工学院研究所教授。对于批判人类中心主义的环境伦理学，他主张向实用主义的立场转变，呼吁构建具有现实可行性的理论。同时，他批判价值一元论，呼吁从多样化的角度出发促进环境保护，为此，他提出了"收敛假说"和"弱人类中心主义"等观点。近年来，他写出了杰作《可持续性》，构建了体系化的新环境伦理学。

风险社会的来临

在讨论现代环境保护问题的时候，有这样一种主张：相较于"成本收益分析"，我们更应该持有的基本立场应该是"风险评估"。比如说，仔细思考下核电站的例子，应该就能明白此中深意。包括日本在内的很多国家都在大力发展核能，不仅大量建设核电站，而且不断提出筹建计划，然而一旦核电站发生事故，不仅难以善后，环境也将长年遭受危害。

并且，不管我们已经经历过几次这样的事故，仍尚未出现充分吸收利用这些教训的迹象。我认为，撇开由核电站事故而导致的严重的环境破坏来谈论环境问题无异于痴人说梦。

在此，我不想赘述核电站事故导致的具体的环境破坏，而希望更多地围绕环境破坏的历史定位进行探讨。为此，我想再次将目光投向上一章中介绍过的德国社会学家乌尔利希·贝克的"风险社会论"。原因之一，也在于贝克出版《风险社会：新的现代性之路》一书正是在 1986 年切尔诺贝利核泄漏事故后不久的时候。在书的序言中，他这样写道：

> 风险不同于 19 世纪到 20 世纪上半叶的工厂或职业危机。风险不再局限于特定的地域或团体，而是呈现出全球

化趋势。它不仅跨越民族国家的边界，也模糊了生产和再生产的界线。在这个意义上，全球化趋势引发了全球性危害。它跨越国界，不为某个阶级专属，并带有新的社会和政治动力。[17]

那么，贝克是如何把控这种"核能时代的风险"的呢？这一点，《风险社会》一书的副标题已经给出了启示，而贝克将其置于"自反性现代化"这一理论之中。

即，相对于"第一次现代化"的"工业社会"，他将现代的"风险社会"定义为"第二次现代化"。贝克如此评论现代化的这种变化：

相关理论层面的主导观念可以再次用历史类比加以阐明：正如 19 世纪的现代化消解了等级僵化的农业社会，开创了工业社会的结构图景，今天的现代化同样消解了工业社会的轮廓，而在现代性的连续性之中，另一种社会形态正在形成。[18]

根据贝克的观点，第一次现代化在 19 世纪催生了"工业社会"，但到了 20 世纪 70 年代（德国）又过渡到了"风险社会"。对于这种向风险社会的过渡，他这样写道：

风险在本质上不同于财富——这里特指那些出现在生产力发展高级阶段的风险。风险首先是指完全脱离人类感知能力的放射现象，此外还包括空气、水、食品中的有毒物和污染物，以及由此对动植物和人所造成的短期或长期的影响。[19]

那么，"风险"的含义到底是什么呢？此外，"风险"与"危险""威胁"之间有何区别？关于这些，贝克在《风险社会》中并没有给出明确的说明。硬要说的话，可以确定其符合两个特征。

第一个特征是"未来有可能发生"，可以进行概率性的预测；另一个特征可以称为"回旋镖效应"，意思是人类活动的危害最终会返归自身，使人类自食其果。"风险"并不只是像自然灾害一样突然降临的东西，还可能是因人类自身的活动而产生的。因此，贝克这样写道：

> 现代化风险迟早会冲击风险的制造者或受益者。现代化风险具有"回旋镖效应"，打破了阶级图式。生态灾难或核泄漏向来无视国界。就算是富商大贾或有权有势者，也难逃其影响。[20]

在思考现代环境危机的时候，这种风险社会论的确提供了一种重要的视角。实际上，在制定具体的环境政策的时候，基于"预防原则"进行风险评估已经成为一种常识。然而，在如何具体评估风险的问题上，众人意见却并非一致。

后现代化的环境哲学

面对现代的环境危机，贝克在提出"风险社会论"的时候，认为"现代化"已经进入了新的发展阶段。然而，处于旧有的现代思想框架内的我们，真的能够有效应对环境危机吗？或者说，我们是否需要构建超越现代的思想理论呢？

美国哲学家贝尔德·克利考特（Baird Callicott）正是从这样的视角出发，意图构建环境伦理学。他从"生命中心主义的价值观"出发研究环境伦理学，某些时候甚至发表了一些可能被误解为"环境法西斯主义"的极端言论。他于1994年出版《地球的洞察力》一书，从历史的角度定义了环境哲学的意义。

根据此书内容，我们应该构建的环境哲学，应该是一种超越现代思想理论的后现代化思想理论体系。但是，需要注意的是，后现代主义有多种形式，其中有一种是"解构主义"，它是一种虚无主义，带有嘲弄倾向，因而被排斥；与此相对的，克利考特所吸收的是后现代主义的另一流派——**"后结构主义"**：

> 后现代主义中的后结构主义，是一种创造性的乐观主义思想。由于传统科学已经逐渐走向末路，后结构主义追求的是彻底推翻以此为基础的陈腐的现代世界观，将其残垣断壁彻底清除。进而，我们力图构筑一个以"新物理学"（相对论和量子理论）和"新生物学"（进化论和生态学）为基础的新的世界观，以代替旧有的体系。[21]

先不论这一架构是否合适，其对立公式却是十分鲜明易懂的。即"现代科学以及相应的现代世界观"同**"后现代主义科学（新物理学和新生物学）以及在此基础上的后现代主义世界观"**的对立。于是，克利考特将这些以环境保护主义的名义发展起来的科学和哲学，看作超越了现代的思想理论。

基于这样的立场，克利考特将利奥波德的"土地伦理"和纳斯的"深生态学"作为超越现代的后现代主义环境哲学加以高度评价。比如，对于利奥波德，克利考特认为"他的土地伦理……从方向性上来说，与后现代性的环境伦理的理想是完全相通的"。此外，纳斯的"深生态学"，由于将生态系统看作一个由复杂的阶层组成的诸多关系的网络，因而也被认为是超越了现代人类中心主义的后现代主义环境伦理。在此基础上，克利考特对于即将到来的 21 世纪，做出了如下展望：

> 　　人类生活由于 20 世纪的技术进步而得到了翻天覆地的改善，同时，也被史无前例地贬低，走向贫困化。**在维护人类利益的同时，将现代技术进步的环境代价降到最低，**是 21 世纪全球性的最优先课题……这些理想之一，就是新的后现代主义环境伦理。对于地球上众多的当地文化传统中的智慧要素和后现代主义下国际性的科学要素，我们应该使二者结合起来，形成相辅相成的和谐关系，这才是我们构建后现代主义环境伦理体系的过程中毫无疑问必须应该做到的一点。[22]

　　20 世纪 80 年代，后现代主义在世界范围内流行开来，其倡导者，法国哲学家让－弗朗索瓦·利奥塔也推崇"后现代科学"。从这里我们可以理解，克利考特谋求以新的环境伦理代替现代的自然观，也有与这种流行趋势合流的意味。

　　但是，从现在的形势看，"后现代科学"的意义尚不明确，且后现代主义思潮的流行也走向了衰微。因此，就算克利考特以 21

世纪重要课题的名义来提倡"后现代主义的环境伦理",如今也几乎感受不到有什么现实意义了。为应对现在的环境危机,后现代主义真的能够药到病除吗?

超越末世论

在思考现代的环境保护问题时,贝克提出了"风险社会论",将其作为"第二次现代化"来代替工业社会;克利考特从超越现代世界观的"后现代主义环境伦理"中寻找出路。但是,不管是"第二次现代化",还是"后现代主义",在应对环境危机的时候,我们真的需要新的社会理论和世界观吗?

实际上,我认为在这些理论的深处,可以看到自林恩·怀特以来逐步成型的一种思想。即,如果我们仍然按照一直以来的"现代的"思想和生活方式持续下去的话,最终将导致地球的毁灭和人类的灭亡——这样一种末世论思想。为了避免这种结局,我们必须提出与之前不同(比如说"第二次现代化"和后现代主义)的思想。

但是,"人类即将灭亡"这种"脍炙人口"的末世论本身就是值得怀疑的。或者说,我们不应以这种末世论为前提,而应该从地球环境的现实出发,来重新审视我们所应该采取的态度。

在本章的开头部分,我们介绍了带有末世论思想的言论,对此,比约恩·隆伯格这样评论:"这种老生常谈的话题已为我们所熟知,我们已经听过无数次了,再次重复这些内容倒让我们感到安心。但是,有一个问题,那就是我们手里现有的证据中,没有任何一条可以真正证明这一点。"比如,在给出以下数据的同时,隆伯格明确指出:

能源和天然资源都没有枯竭的迹象。世界人均粮食占有量逐步增加，因饥饿而死的人逐渐减少。1900 年，人类的预期寿命是 30 岁，而如今达 67 岁。根据联合国的统计，过去50 年消除贫困所取得的成绩，比之前的 500 年还要大，而且几乎在每个国家都取得了成绩。

从综合影响看，全球变暖在未来并不会引发非常严峻的问题。就生物物种来说，也并不会在我们这一代的寿命范围内造成全部生物物种 25% 至 50% 左右的灭绝——最多约为0.7%。酸雨也不会造成森林破坏，我们周围的水和空气也将逐渐变得干净起来。

在人类可以测算出来的几乎所有指标上，环境问题实际都呈现出改善的势头。[23]

看到隆伯格的这些论述，恐怕听惯了末世论的人们会投来怀疑的目光。但是，隆伯格的论述有各个公共机关发表的数据支持，具有很强的说服力。这一点，在 2007 年出版的重新审视全球变暖问题的著作《冷静：持怀疑态度的环保主义者关于全球变暖的指南》中也可以体现出来。

这本书以具体的数据为基础，针对人气高涨的"全球变暖问题"，冷静地讨论了应该采取怎样的态度。

但是，归根结底，隆伯格为什么对环境问题进行批判的思考呢？有关其意图，他做出了如下说明：

这些不断被重复的观点，这些人们经常听到的关于环境问题的夸大其词，带来了严重的不良影响。一方面，它使人们变得胆怯，为了解决一个并不存在的问题而投入大量的资源（多种多样的资源）和精力；而更甚者，真正重要的（当时除环境以外的）问题经常就被忽视了。因此，了解世界的真实状态就显得尤为重要。为了尽可能做出最好的决策，就必须尽可能得到最真实最完整的信息。[24]

也就是说，我们应该将资源和精力投到解决真正紧要的问题上去，而不是浪费在因夸大其词的表述而使得人们害怕的并不存在的问题上。我们有必要在了解世界的真实状态后，再来冷静地讨论到底什么才是最亟待解决的问题。

应对全球变暖的优先顺序

那么，解决地球环境问题的优先顺序，具体来说怎么排列为好呢？

对此，我们可以以隆伯格发起的"哥本哈根共识"为线索。他邀请世界各国的著名经济学家，让他们参与回答"在今后 4 年中，如果投入 500 亿美元用于造福世界的话，你认为应该用于何处？"这样一个问题。自 2004 年发布第一次共识以来，每 4 年发布一次。

这份共识，是以 10 个紧急课题的 17 种应对措施为对象，就如何合理分配资金进行讨论、排列顺序后得出的。发布的结果如图表所示。从中可以看出"全球变暖"的优先顺序是最后一位。尽管如此，以联合国为首，世界各国为"应对气候变暖"投入了巨额资金。对于这种反差，隆伯格做出了如下评论：

　　　　发达国家的很多人依旧专对气候变化给予高度的关

为使世界变得更加美好，应将资金用于何处？

2004年哥本哈根共识显示的政策优先顺序

	课 题	对 策
最优政策	1 传染病	抑制人类免疫缺陷病毒、艾滋病
	2 营养失调	供应微量营养元素
	3 补助金与贸易	贸易自由化
	4 传染病	抑制疟疾
优秀政策	5 营养失调	开发新农业技术
	6 卫生与水	生活用小规模净水技术
	7 卫生与水	由社区管理下水道设备
	8 卫生与水	研究改善粮食生产过程中水资源利用率
	9 政府	降低企业成本
一般政策	10 移民	减少技术劳动力的流动障碍
	11 营养失调	改善婴幼儿营养状态
	12 营养失调	改善新生儿体重过轻的问题
	13 传染病	改善基本健康服务体系
不良政策	14 移民	非熟练技术劳动力的暂时接纳政策
	15 气候	最佳碳税（25—300美元）
	16 气候	京都议定书
	17 气候	风险价值法碳税（100—450美元）

来源：《冷静：持怀疑态度的环保主义者关于全球变暖的指南》
（ *Cool It: The Skeptical Environmentalist's Guide to Global Warming* ）

注……日本、西班牙、法国、英国、德国非常担心气候变化

问题。澳大利亚最近进行的一项调查显示，对于世界各国领

导人来说最重要的课题，不是消除贫困，也不是反恐、人权、艾滋病，而是环境问题。另一项类似调查显示，美国、中国、韩国、澳大利亚等国都将改善地球环境视作比应对世界粮食问题更重要的外交课题。韩国甚至将环境问题列为 16 个世界主要威胁的首位。

明明还有很多讨论需求大而且长期以来一直取得重大成果的领域存在，为什么仅仅执着于气候变化问题呢？我认为我们有必要进行一番审视。⁽²⁵⁾

如果我们大肆宣传全球变暖问题的优先级很低，说不定还会引起强烈的反弹。实际上，在联合国政府间气候变化专门委员会上，这种讨论甚至成为一种禁忌。但是，这种态度不正表明了"全球变暖论"的政治色彩吗？

21 世纪重新审视"环境问题"

值得一提的是，哥本哈根共识是由以诺贝尔经济学奖得主为首的众多超一流学者讨论得出的。因此，我们必须避免仅仅因其同国际组织（联合国）的立场相悖，就直接否认哥本哈根共识的正确性。

排斥、消灭表达反对的理论和思想，这样的做法在历史上反复上演，且大多都是因组织本身发生僵化而导致的。

实际上，关于联合国政府间气候变化专门委员会的内幕，以事发于 2009 年的"气候门"事件[*]为代表，正逐步被揭开（详情可参看《曲棍球杆错觉》一书）。

此外，关于气候变化的原因，也出现了不同于温室效应的理论。

由此，关于全球变暖的旧有说明中，也出现了各种各样的疑点。考虑到以上种种情况，我们是不是应该从根本上重新审视环境问题呢？不是单纯考虑"全球变暖说"，而是以"地球环境问题"的名义从根本上改变我们旧有的思维模式，重新审视这一问题。

"气候门"事件
指发生在英国的隶属东安格里亚大学的气候研究小组（CRU: Climate Research Unit）被黑客入侵，围绕温室效应研究相关的一系列电子邮件和档案被公开的事件。

贝尔德·克利考特（1941— ）

美国哲学家。北得克萨斯大学教授。1971 年于威斯康星大学开设了世界上第一个环境伦理学讲座课程，其后坚持研究，对环境伦理学的发展产生了巨大影响。他将视角置于奥尔多·利奥波德的"土地伦理学"思想之上，构建了一个解释模型。在 20 世纪 90 年代出版的《地球的洞察力》一书中，强调了环境伦理学作为"超越现代的思想"的意义。

比约恩·隆伯格（1965— ）

丹麦政治经济学家。哥本哈根商学院客座教授。2001 年出版的英文版著作《切莫夸大环境危机：地球环境的真相》，围绕环境保护引起的世界范围内的争论。针对一直以来夸大其词的环境危机论调，他采用具体可信的数据，揭示地球环境的真实状态，通过冷静的分析来讨论环保政策。

大自然的权利：环境伦理学史

[美] 罗德里克・纳什 著；杨通进 译

青岛出版社 2005 年 5 月

环境保护思想在美国究竟是如何萌芽，又是如何发展成为一门学问的呢？对于这个问题，纳什的这本书给出了全面均衡的解释，是解惑的不二之选。与此同时，阅读本书你可能还会发现现有的环境保护思想的一些问题。

Environmental Pragmatism / 环境实用主义

Eric Katz, Andrew Light / [美] 埃里克・卡茨、[美] 安德鲁・莱特 编

Routledge / 劳特利奇出版社 1996 年 3 月

针对 20 世纪 70 年代发展起来的环境伦理学，90 年代涌现出大量批判言论。当时实用主义思想大行其道，环境保护论中也强调实用主义的必要性。本书囊括了大多数与此相关的基本论文。

The Hockey Stick Illusion: Climategate and the Corruption of Science / 曲棍球杆错觉：气候门和科学的腐败

Andrew Montford / [英] 安德鲁・蒙福德 著

Stacey International / 斯泰西国际出版社 2010 年 1 月

20 世纪 70 年代以来，环境保护相关问题在国际政治场合中被频繁讨论。联合国成立了政府间气候变化专门委员会，定期发布重要信息。但这些信息的可信度有多少呢？围绕被强势主张的"曲棒球杆曲线"，本书对其背后的内幕进行了科学讨论。关于全球变暖问题，请一定要阅读本书。

曾几何时，学习环境伦理学的入门书是施雷德－弗雷切特（Shrader-Frechette）编著的《环境的伦理》（*Environmental Ethics*，1981 年），里面收录了诸多论文。近年来，卡茨和莱特编著的论文集《环境实用主义》可与之媲美。从世界范围内来说，越来越多的学者用更具体的方式讨论环境问题。比如联合国千年生态系统评估小组编著的《生态系统服务与人类的未来》（2005 年）一书，从"生态系统服务"这一经济学角度出发，发表了重要见解。另外，对环境问题的政治性解读也必不可少。全球变暖问题与联合国政府间气候变化专门委员会密切相关，但有关该组织的内幕一直没有得到多少关注。然而"气候门"事件之后，其内幕被逐渐发掘出来。有关事件本身，可以参看史蒂芬・莫舍（Steven Mosher）和托马斯・富勒（Thomas Fuller）合著的《气候门：气候研究中心的信件》（*Climategate: The CRUtape Letters*，2009 年）一书。

结　语
C o n c l u s i o n

我记得接到本书的出版计划是在去年（2015 年）5 月底。那个时候，正好是文部科学省"撤销文科学部"的事情开始引发热议的时候。在那种非常时期，要求我以现代为主题写一本哲学相关的书，说实话，我感到有些诧异。既然被称为"不赚钱的文科"，尤其是其中经常被视作"无用学问"之代表的"哲学"，如何能够出版得了呢？对此，我觉得不可思议。

在这种背景下，虽然我有过犹豫，但我还是一如既往地努力尝试着投入新书的写作过程中。赚钱或者不赚钱，有用或者无用之类的区别，会随着评价主体、评价标准和范围的不同而变化。因此，就算不在这一点上深入研究，我也能够自信满满地说：哲学对于生活在现代的人（同时代人）来说是不可或缺的学问。本书所讲的内容，毫无疑问都与生活在现代的我们息息相关。我认为，不管是学生、社会职员，还是中老年人，对于所有人来说，现代是一个怎样的时代，将沿着怎样的方向发展前进等内容，作为公共常识来说，都很有了解学习的必要。

尤其是，当我们迎来了现代历史的巨大转折点时，以往的常识变得完全不适用了，时代要求我们提出新的思想理论。在这种背景下，我们必须从根本上进行反思：如今世界上到底在发生着什么？另外，本书所围绕的主题，除哲学外别无其他。当我们埋头于一项具体工作时可能难以发现这样一种倾向：在思考哲学问题时，如果我们暂时脱离其窠臼，从整体上重新审视和把握问题，也许事物的本质就逐渐水落石出了。

在执笔写作本书之时，我并没有预设某种立场，并从这样的立场出发来论证和推广自己的主张。在今天这样的历史转折点，正确的立场并不是确定无疑的，反而需要我们提出多种多样的见解。在这种状况下，面对各种各样的问题，我致力于为大家提供各种不同的看法。对于各种不同的主张来说，不管是赞成还是反对，相信大家都见仁见智，但是我希望大家首先都能了解这种观点多样性的事实。希望大家不要急不可耐地集中到其中一个主张上，而应该尽可能多地了解其他主张存在的可能性，即使其他主张与自己的想法背道而驰。

在此我重新声明，本书内容是从接受出版计划开始，一鼓作气新写就的，但在执笔过程中，也融入了以前写过的部分内容。然而，并不是原样照搬过来，而是在本书文章脉络演绎的过程中重新组织语言写就的，并没有重复。

说到本书出版的经过，一开始是从接受编辑部的山下觉先生的提问开始的。他带着很多问题来找我，拜托我谈一谈"哲学家是如何看待这些问题的"。实际上，我有些犯难。因为，哲学家们通常是不会直接针对那些具体问题来进行回答的。哲学家们的讨论大多是抽象的，基本不会给出具体的指导方针。但是，这样一来的话书就写不出来了，所以我并没有针对这些一个一个的具体问题而依样提供哲学家的见解主张（也做不到），而是致力于重新解读这些具体问题所包含的意义。如此一来，哲学家们的讨论与具体问题就可以同步对接起来了。虽说如此，其成功与否就交给读者诸君自行判断了。

最后，我要向给予我如此珍贵机会的钻石出版社（DIAMOND）和给予我热情指导、关照的年轻的山下编辑，表示由衷的谢意！

冈本裕一朗
2016 年盛夏

参考文献
r e f e r e n c e s

序章

（1）[法]米歇尔·福柯著，汪民安译，《主体与权力》，《上海文化》，2009年06期。

（2）[德]马库斯·加布里埃尔著，《德国精神在哪里？》（*Wo wohnt der German Geist？*），《南德意志报》（*Süddeutsche Zeitung*），2005年3月3日。

第一章

（1）[美]理查德·罗蒂（Richard Rorty）编，《语言学转向：哲学方法论文集》（*The Linguistic turn: essays in philosophical method*），芝加哥大学出版社（The University of Chicago Press），1967年。

（2）[美]保罗·博格西昂著，刘鹏博译，《对知识的恐惧：反相对主义和建构主义》，译林出版社，2015年。

（3）[美]约翰·R.塞尔著，徐英瑾译，《心灵导论》，上海人民出版社，2008年。

（4）[法]丹尼尔·伯努（Daniel Bougnoux）著，《通信科学概论》（*Introduction aux sciences de la communication*），发现出版社（La Decouverte），2002年。

（5）[美]列维·布赖恩特（Levi Bryant）、[加]尼克·斯尼切克（Nick Srnicek）、[美]格雷厄姆·哈曼编，《思辨转向：大陆唯物论与实在论》

（*The Speculative Turn: Continental Materialism and Realism*），Re. 出版社（Re. Press），2011 年。

（6）[法]米歇尔·福柯著，莫伟民译，《词与物——人文科学考古学》，上海三联书店，2001 年。

（7）同上。

（8）[法]雷吉斯·德布雷著，黄春柳译，《媒介学宣言》，南京大学出版社，2016 年。

（9）[法]贝尔纳·斯蒂格勒著，裴程译，《技术与时间——爱比米修斯的过失》，译林出版社，2000 年。

（10）[德]西皮尔·克莱默尔编，《媒体、计算机与真实：现实观念与新媒体》（*Medien–Computer–Realität: Wirklichkeitsvorstellungen und Neue Medien*），苏尔坎普出版社（Suhrkamp），1998 年。

（11）[德]海因里希·克莱斯特著，[日]中村启（中村啓）译，《克莱斯特书信全译》（全訳クライストの手紙），东洋出版社（東洋出版），1979 年。

（12）[法]甘丹·梅亚苏著，吴燕译，《有限性之后：论偶然性的必然性》，河南大学出版社，2018 年。

（13）同上。

（14）同上。

（15）[德]马尔库斯·加布里尔著，《为何世界不存在》（*Warum es die Welt nicht gibt*），袖珍出版社（Ullstein Taschenbuch），2013 年。

（16）同上。

（17）同上。

（18）P. M. 丘奇兰德著，朱清译，《排除式唯物主义与命题态度》，《哲学译丛》，1994 年 06 期。

（19）同上。

（20）[加]保罗·丘奇兰德（Paul M. Churchland）著，《理性的引擎，

灵魂的所在地：进入大脑的哲学之旅》（*The Engine of Reason，The Seat of the Soul：A Philosophical Journey into the Brain*），麻省理工学院出版社（MIT Press），1995 年。

（21）[英]安迪·克拉克（Andy Clark）、[澳]大卫·查尔莫斯著，《延展心智》（*The Extended Mind*），《分析》（*Analysis*），1998 年 58 期。

（22）[英]安迪·克拉克著，《此在：重整大脑、身体与世界》（*Being There：Putting Brain，Body and World Together Again*），布拉德福德出版社（Bradford Book），1997 年。

（23）[美]托马斯·内格尔著，《你无法通过脑部扫描来学习道德——道德心理学的问题》（*You Can't Learn About Morality from Brain Scans：The Problem with Moral Psychology*），《新共和》（*The New Republic*），2013 年 11 月 2 日。

第二章

（1）[法]吉尔·德勒兹著，刘汉全译，《哲学与权力的谈判》，商务印书馆，2001 年。

（2）[德]诺伯特·波尔茨著，《古登堡银河系的终结：新型交流方式的形态》（*Am Ende der Gutenberg-Galaxis：Die neuen Kommunikationsverhältnisse*），芬克出版社（Fink Verlag），1993 年。

（3）[意]毛里奇奥·费拉里斯著，《新现实主义概论》（*Introduction to New Realism*），布鲁姆斯伯里出版社（Bloomsbury），2015 年。

（4）[波兰]齐格蒙特·鲍曼、[加]大卫·莱昂著，《液态监控：一次对话》（*Liquid Surveillance：A Conversation*），政治出版社（Polity），2013 年。

（5）[斯洛文尼亚]斯拉沃热·齐泽克著，宋文伟、侯萍译，《有人说过集权主义吗？》，江苏人民出版社，2005 年。

（6）[法]米歇尔·福柯著，《某个法国哲学家所看到的监狱》（あるフランス人哲学者の見た監獄），[日]小林康夫、[日]石田英敬、[日]松浦寿辉编，《米歇尔·福柯思想汇总》（ミシェル·フーコー思考集成）第5卷，筑摩书房（筑摩書房），2000年。

（7）[美]马克·波斯特著，范静哗译，《信息方式：后结构主义与社会语境》，商务印书馆，2000年。

（8）[法]米歇尔·福柯著，刘北成、杨远婴译，《规训与惩罚：监狱的诞生》，生活·读书·新知三联书店，2003年。

（9）[挪威]托马斯·马蒂森著，《观众社会：再论米歇尔·福柯的"全景监狱"》（*The Viewer Society : Michel Foucault's "Panopticon" Revisited*），《理论犯罪学》（*Theoretical Criminology*），1997年第1卷第2期。

（10）同上。

（11）[波兰]齐格蒙特·鲍曼著，欧阳景根译，《流动的现代性》，上海三联书店，2002年。

（12）上列所示《哲学与权力的谈判》。

（13）同上。

（14）[美]休伯特·德雷福斯著，宁春岩译，《计算机不能做什么：人工智能的极限》，生活·读书·新知三联书店，1986年。

（15）上列所示《心灵导论》。

（16）[美]丹尼尔·丹尼特著，《认识之轮——人工智能的框架问题》，收录于[英]马格丽特·博登编，刘西瑞、王汉琦译，《人工智能哲学》，上海译文出版社，2001年。

（17）[美]雷·库兹韦尔著，李庆诚、董振华、田源译，《奇点临近》，机械工业出版社，2011年。

（18）[英]尼克·波斯特洛姆著，张体伟、张玉青译，《超级智能：路线图、危险性与应对策略》，中信出版社，2015年。

（19）[德]卡尔·贝内迪克特·弗雷、[英]迈克尔·奥斯本著，《就业的未来：工作受计算机化的影响有多大？》（*The Future of Employment: How Susceptible are Jobs to Computerisation？*），《技术预测与社会变革》（*Technological Forecasting & Social Change*），2013 年 1 月。

（20）[德] 马克思著，中共中央马克思恩格斯列宁斯大林著作编译局编译，《资本论》第一卷，人民出版社，2004 年。

（21）[德] 马克斯·霍克海默、[德] 西奥多·阿道尔诺著，渠敬东、曹卫东译，《启蒙辩证法：哲学断片》，上海人民出版社，2006 年。

（22）[美] 阿西莫夫著，叶李华译，《我，机器人》，江苏文艺出版社，2013 年。

第三章

（1）[美] 弗朗西斯·福山著，黄立志译，《我们的后人类未来：生物技术革命的后果》，广西师范大学出版社，2017 年。

（2）[美] 格雷戈里·斯多克著，《重新设计人类：我们不可避免的基因未来》（*Redesigning Humans: Our Inevitable Genetic Future*），哈考特出版社（Houghton Mifflin Harcourt），2002 年。

（3）[瑞典] 尼克·波斯特洛姆著，《为后人类尊严辩护》（*In Defense of Posthuman Dignity*），《生物伦理学》（*Bioethics*），2005 年第 19 卷。

（4）同上。

（5）[美] 玛莎·C. 娜斯鲍姆（Martha C. Nussbaum）、[美] 凯斯·R. 桑斯坦（Cass R. Sunstein）编，《克隆与克隆：关于克隆人的事实与幻想》（*Clones and Clones: Facts and Fantasies about Human Cloning*），美国诺顿出版公司（W. W. Norton & Company），1999 年。

（6）同上。

（7）[美] 格雷戈里·E. 彭斯著，《新生命伦理学》（*Brave New Bioethics*），罗曼与利特菲尔德出版社（Rowman & Littlefield Publishers），

2002 年。

（8）[德]尤尔根·哈贝马斯著，《自然不禁止克隆人，我们决定自己的天空》（*Nicht die Natur verbietet das Klonen. Wir müssen selbst entscheiden*），《时代周报》（*Zeit*），1998 年。

（9）同上。

（10）[德]尤尔根·哈贝马斯著，《人类的未来：通往自由优生学？》（*Die Zukunft der menschlichen Natur. Auf dem Weg zu einer liberalen Eugenik?*），苏尔坎普出版社（Suhrkamp），2001 年。

（11）上列所示《奇点临近》。

（12）同上。

（13)[美]莱昂·卡斯编著，《超越治疗：生物技术和追求幸福》（*Beyond Therapy: Biotechnology and the Pursuit of Happiness*），哈珀永久出版社（Harper Perennial），2003 年。

（14）[英]约翰·哈里斯著，《加强进化：改良人类的伦理根据》（*Enhancing Evolution：The Ethical Case for Making Better People*），普林斯顿大学出版社（Princeton University Press），2007 年。

（15）[澳]彼得·辛格、[波兰]阿加塔·萨根（Agata Sagan）著，《我们准备好接受"道德药片"了吗？》（*Are We Ready for a 'Morality Pill'?*），《纽约时报》（*The New York Times*），2012 年 1 月 28 日。

（16）[美]迈克尔·加扎尼加著，《伦理的脑》（*The Ethical Brain*），德纳出版社（Dana Press），2005 年。

（17)[美]奥利佛·古德诺、[德]克里斯汀·普雷恩（Kristin Prehn）著，《神经科学方法对法律和司法规范的判断作用》（*A Neuroscientific Approach to Normative Judgment in Law and Justice*），《英国皇家学会哲学学报 B 生物科学》（*Philos Trans R Soc Lond B Biol Sci*），2004 年 10 月 29 日。

（18）上列所示《词与物——人文科学考古学》。

（19）同上。

（20）[德]尼采著，黄明嘉译，《快乐的科学》，华东师范大学出版社，2007年。

（21）[德]尼采著，钱春绮译，《查拉图斯特拉如是说》，生活·读书·新知三联书店，2007年。

（22）[德]彼得·斯劳特戴克著，《人园规则：对海德格尔关于人性的信的一封回信》（*Regeln für den Menschenpark.Ein Antwortschreiben zu Heideggers Brief über den Humanismus*），苏尔坎普出版社（Suhrkamp），1999年。

（23）同上。

第四章

（1）[斯洛文尼亚]斯拉沃热·齐泽克著、《先是悲剧，然后是闹剧》（*First as Tragedy, Then as Farce*），沃索出版社（Verso），2009年。

（2）[美]罗伯特·赖克著，《超越愤怒：我们的经济和民主出了什么问题，以及如何解决它》（*Beyond Outrage: What Has Gone Wrong with Our Economy and Our Democracy, and How to Fix It*），英特吉出版社（Vintage），2012年。

（3）同上。

（4）[美]哈里·法兰克福著，《论不平等》（*On Inequality*），普林斯顿大学出版社（Princeton University Press），2015年。

（5）[美]大卫·哈维著，王钦译，《新自由主义简史》，上海译文出版社，2010年。

（6）[印]阿马蒂亚·森著，王磊、李航译，《正义的理念》，中国人民大学出版社，2013年。

（7）[印]阿马蒂亚·森著，《选择、福利和量度》（*Choice, Welfare, and Measurement*），麻省理工学院出版社（The MIT Press），1982年。

（8）[美]麦克尔·哈特、[意]安东尼奥·奈格里著，杨建国，范一亭译，《帝国——全球化的政治秩序》，江苏人民出版社，2003年。

（9）同上。

（10）[法]伊曼努尔·托德著，《帝国之后：美利坚制度的崩溃》（*Après l'empire: Essai sur la décomposition du système américain*），伽利玛出版社（Gallimard），2003年。

（11）[法]雅克·阿塔利著，王一平译，《未来简史》，上海社会科学院出版社，2010年。

（12）[美]丹尼·罗德里克著，廖丽华译，《全球化的悖论》，中国人民大学出版社，2011年。

（13）同上。

（14）[美]马克·安德森著，《比特币为何重要》（*Why Bitcoin Matters*），《纽约时报》（*The New York Times*），2014年1月21日。

（15）[英]菲力克斯·马丁著，邓峰译，《货币野史》，中信出版社，2014年。

（16）[美]杰里米·里夫金著，赛迪研究院专家组译，《零边际成本社会：一个物联网、合作共赢的新经济时代》，中信出版社，2014年。

（17）同上。

（18）[美]约瑟夫·熊彼特著，吴良健译，《资本主义、社会主义与民主》，商务印书馆，1999年。

（19）同上。

（20）同上。

（21）[意]杰奥瓦尼·阿锐基著，姚乃强、严维明、韩振荣译，《漫长的20世纪：金钱、权力与我们社会的根源》，江苏人民出版社，2001年。

第五章

（1）[德]尤尔根·哈贝马斯著，曹卫东等译，《现代性的哲学话语》，译林出版社，2004年。

（2）[德]尤尔根·哈贝马斯、[德]约瑟夫·拉辛格著，《世俗化的辩证法：理性与宗教》（*Dialektik der Säkularisierung：Über Vernunft und Religion*），赫尔德出版社（Herder Verlag），2005年。

（3）[加]查尔斯·泰勒著，张容南等译，《世俗时代》，上海三联书店，2016年。

（4）[加]查尔斯·泰勒著，《今日宗教的多样性：再论威廉·詹姆斯》（*Varieties of Religion Today：William James Revisited*），哈佛大学出版社（Harvard University Press），2002年。

（5）[美]彼得·伯格等著，李骏康译，《世界的非世俗化：复兴的宗教及全球政治》，上海古籍出版社，2005年。

（6）同上。

（7）[美]塞缪尔·亨廷顿著，周琪等译，《文明的冲突》，新华出版社，2017年。

（8）[法]马克·克黑朋著，《文明冲突的幻象》（*L'Imposture du choc des civilisations*），丰灯出版社（Pleins Feux），2002年。

（9）前列所示《文明的冲突》。

（10）[法]吉勒斯·凯佩尔著，《恐怖主义与殉教——超越"文明的冲突"》（*Terreur et martyre：Relever le défi de civilisation*），费拉马利翁出版社（Editions Flammarion），2009年。

（11）同上。

（12）同上。

（13）[德]乌尔利希·贝克著，李荣荣译，《自己的上帝：宗教的和平能力与潜在暴力》，上海译文出版社，2016年。

（14）[法] 米歇尔·维勒贝克著，《屈服》（*Soumission*），法国及欧洲出版公司（French and European Publications），2015 年。

（15）同上。

（16）[美] 斯蒂芬·杰·古尔德著，《时代的岩石：生命中的科学与宗教》（*Rocks of Ages: Science and Religion in the Fullness of Life*），巴兰坦图书公司（Ballantine Books），2002 年。

（17）同上。

（18）同上。

（19）[英] 理查德·道金斯著，陈蓉霞译，《上帝的迷思》，海南出版社，2010 年。

（20）同上。

（21）[美] 丹尼尔·丹尼特著，《破除魔咒：作为自然现象的宗教》（*Breaking the Spell: Religion as a Natural Phenomenon*），企鹅出版公司（Penguin Group），2006 年。

（22）同上。

（23）同上。

（24）[德] 马尔库斯·加布里尔著，《为何世界不存在》（*Warum es die Welt nicht gibt*），袖珍出版社（Ullstein Taschenbuch），2013 年。

（25）同上。

第六章

（1）[丹麦] 比约恩·隆伯格著，《怀疑的环境保护主义者：衡量世界的真实状态》（*The Skeptical Environmentalist: Measuring the Real State of the World*），剑桥大学出版社（Cambridge University Press），2001 年。

（2）[美] 林恩·怀特著，汤艳梅译，《生态危机的历史根源》，《都市文化研究》，2010 年第 1 期。

（3）同（2）。

（4）[美]罗德里克·纳什著，杨通进译，《大自然的权利：环境伦理学史》，青岛出版社，2005年。

（5）[美]奥尔多·利奥波德著，郭丹妮译，《沙乡年鉴》，北方妇女儿童出版社，2011年。

（6）[瑞典]阿恩·纳斯著，《浅层生态运动与深层、长远生态运动：一个概要》（*The Shallow and the Deep，Long-Range Ecology Movement：A Summary*），《探究》（*Inquiry*），1973年第16卷。

（7）[瑞典]阿恩·纳斯著，《自我实现：以生态的方式生存在世界上》（*Self-Realization：An Ecological Approach to Being in the World*），《号手》（*Trumpeter*），1987年第4卷第3期。

（8）[瑞典]阿恩·纳斯著，《方式朴素，目标丰富》（*Simple in Means, Rich in Ends*），《露天哲学》（*OpenAirPhilosophy.org*），2019年第2期。

（9）[美]安德鲁·莱特、[美]埃里克·卡茨编，《环境实用主义》（*Environmental Pragmatism*），劳特利奇出版社（Routledge），1996年。

（10）同上。

（11）[法]克洛德·阿莱格尔著，《这个星球的真相》（*Ma vérité sur la planète*），普隆出版社（Plon），2007年。

（12）[美]罗伯特·康斯坦扎等著，陶大力译，《全球生态系统服务与自然资本的价值估算》，《生态学杂志》1999年第2期。

（13）同上。

（14）[美]布莱恩·诺顿著，《可持续性：一种适应性生态管理哲学》（*Sustainability：A Philosophy of Adaptive Ecosystem Management*），芝加哥大学出版社（University of Chicago Press），2005年。

（15）同上。

（16）同上。

（17）[德]乌尔利希·贝克著，张文杰、何博闻译，《风险社会：新的现代性之路》，译林出版社，2018 年。

（18）同上。

（19）同上。

（20）同上。

（21）[美] 贝尔德·克利考特著，《地球的洞察力：从地中海盆地到澳大利亚内陆的生态伦理的多元文化调查》（*Earth's Insights: A Multicultural Survey of Ecological Ethics from the Mediterranean Basin to Australian Outback*），加州大学出版社（University of California Press），1994 年。

（22）同上。

（23）上列所示《怀疑的环境主义者：衡量世界的真实状态》。

（24）同上。

（25）[丹麦] 比约恩·隆伯格著，《冷静：持怀疑态度的环保主义者关于全球变暖的指南》，克诺夫出版社（Alfred A. Knopf），2007 年。

全国总经销

捧 读 文 化
触及身心的阅读

出 品 人　　张进步　程　碧

特约编辑　　孟令堃

封面设计　　陈旭麟 @AllenChan_cxl

内文排版　　MM末末美书
　　　　　　QQ:3218619296

新 浪 微 博　　京 东 专 营 店

出版投稿、合作交流，请发邮件至：innearth@foxmail.com

了解新书，图书邮购、团购、采购等，请联系发行电话：010-85805570